FRENCH BASIC COURSE

[Revised]

PART A | UNITS 1-6

By
MONIQUE COSSARD
ROBERT SALAZAR

FOREIGN SERVICE INSTITUTE
DEPARTMENT OF STATE

This printing produced by **AUDIO·FORUM**
145 East 49th Street, New York, New York 10017

Preface

French Basic Course (Revised) draws heavily on the 1960 French Basic Course by Dan Desberg and associates and incorporates the 1967 French Supplementary Exercises by Robert Salazar. It owes a debt to the many people who have contributed to the evolution of language instruction since the establishment of the Foreign Service Institute. One member of the staff in the early years whose part should be especially recognized is Naomi Pekmezian, first supervisor of French instruction at FSI.

Monique Cossard planned the revision, coordinated the efforts of the many staff members participating in the work, and revised the grammar notes which, in their earlier form, had presented difficulties to students. The dialogues, of which she was the author in the 1960 edition, remain unchanged.

With only minor exceptions, all parts of the volume have been tape recorded. Alain Mornu served as chairman of the recording group and Mr. Salazar served as consultant. Voices on the recordings are those of David Deceuninck, Elizabeth Barnett de Maynadier, Bernadette Ernould, Annie Goldmark, Paulette Martin, Annie Procopio, Jacqueline Taylor, Ketty Blanchy Thompson, Mr. Mornu and Mr. Salazar. The recordings were made in the FSI studio under the technical direction of Jose Ramirez, with help from Albert Whiting. Mr. Mornu checked and edited the tape recordings and cross referenced the printed text to the tapes.

The volume was typed by Francine Haughey, who, with Mr. Mornu, Mr. Deceuninck and Catherine Hanna, did the proofreading of the French portions. The English portions were proofread by Joann Tench Meeks. The work has had the benefit of feedback from all members of the French teaching staff and valuable counsel from Dr. C. Cleland Harris, Chairman of the Romance Language Department.

The Foreign Service Institute Basic Course Series is edited by Augustus A. Koski.

James R. Frith

James R. Frith, Dean
School of Language Studies
Foreign Service Institute
Department of State

NOTE TO USERS OF THIS BOOK

This volume and the tapes that accompany it were prepared for Foreign Service personnel of the American diplomatic corps assigned to U.S. embassies where they must be able to converse fluently in almost every situation. Although this course was originally designed for use with an instructor in a formal classroom situation, owing to the excellent audio drill materials, it is also ideal for self-instruction.

The complete basic course as revised consists of two volumes with accompanying tapes. This book with the 11 accompanying cassettes covers the first half of Volume One. It provides a basic introduction to the simpler forms of the language and basic vocabulary. Part B of Volume One, which consists of a 300-page test plus 18 cassettes, is also available from Audio-Forum. It provides a more complete understanding of French and gives further practice and use in the more complex structures of the language with increased emphasis on practice drills. A substantial amount of new vocabulary is introduced.

As an adjunct to this course for those who want to get a firm grounding in the phonology* of French, Audio-Forum also has the FSI course in French Phonology. This consists of a 400-page text, a 124-page instructor's manual, and 8 cassette tapes.

Each unit in this book presents a situational topic introduced in dialogue, and usually five grammar points. Each grammar point is preceded by grammar notes which generally are expressed in non-technical terms.

Units include materials of the following kinds:

1. A *dialogue* to provide a body of natural French conversation as a source for subsequent drills and exercises. (At FSI these dialogues are commonly memorized).

2. *Useful words* to supplement the vocabulary with a limited number of additional words, usually related to the topic of the dialogue.

3. *Vocabulary awareness* to enable the student to better identify the elements of the utterance he learned as a whole and to regroup and review vocabulary.

4. *Drills* of different kinds, each type designed for a specific purpose.
   a. *Lexical drills* to manipulate already acquired vocabulary and improve fluency.
   b. *Learning drills* to introduce new grammar points (with reference to the corresponding grammar notes).
   c. *Practice drills* to give the student an opportunity to illustrate in sentences the grammar point he just covered.
   d. *Question/Answer drills* to prepare the student for normal conversation.
   e. *Review drills* (Drills preceded by an (*) have been included for optional use with fast-moving students).

5. *Situations* to improve comprehension and serve as a basis for questions and elementary conversation.

6. *Narrations* to provide reading material and introduce a very limited number of vocabulary items.

7. *Written exercises* to offer to the student opportunity to relate the spoken language to the writing system.

---

* Phonology is the study of the sounds, stress and intonation of a language.

FRENCH

TABLE OF CONTENTS

Units 1 - 6

FRENCH

CLASSROOM EXPRESSIONS

1.	Asseyez-vous.	Sit down.
2.	La classe commence.	The class begins.
3.	Ne lisez pas.	Don't read.
4.	Je ne vous entends pas.	I can't hear you.
5.	Je ne vous comprends pas.	I don't understand you.
6.	Vous êtes en retard.	You are late.
7.	Ecoutez la phrase.	Listen to the sentence.
8.	Parlez plus fort.	Speak louder.
9.	Que veut dire ce mot?	What does that word mean?
10.	Traduisez.	Translate.
11.	Dites-moi votre nom.	Tell me your name.
12.	Non/ je ne sais pas/ la leçon.	No, I don't know the lesson.
13.	Ouvrez votre livre/ s'il vous plaît.	Open your book, please.
14.	Répondez/ en français.	Answer in French.
15.	Répétez/ tous ensemble.	Repeat all together.
16.	Répétez/ après moi.	Repeat after me.
17.	Répétez/ encore une fois.	Repeat once more.
18.	Comment dit-on/ bonjour/ en anglais?	How does one say 'Hello' in English?
19.	C'est parce que/ nous sommes pressés.	It's because we're in a hurry.
20.	Demandez/ à Monsieur de/ fermer la porte.	Ask the Gentleman to close the door.
21.	Comment/ vous appelez-vous?	What is your name?
22.	Je m'appelle ...	My name is ...
23.	Répétez/ la question/ s'il vous plaît.	Repeat the question please.

DIALOGUE

Dans la rue	On the street
dans	in, on
rue (f)	street

Mr. Lelong and Mrs. Durand are going to have
lunch together. En route, Mrs. Durand notices
Janine Courtois, the daughter of friends.

MME DURAND

Tiens, voilà Mademoiselle Courtois.	Well, there's Miss Courtois.
tiens	(exclamation indicating surprise)
voilà	here is, here are
Mademoiselle	Miss
Bonjour, Janine.	Hello, Janine.

MLLE COURTOIS

Bonjour, Madame. Comment allez-vous?	Hello, Mrs. Durand. How are you?
Madame	Madam
comment	how
aller (allez-vous)	to go (do you go)
vous	you

MME DURAND

Très bien, merci.	Fine, thanks.
très	very
bien	well
merci	thank you
Permettez-moi de vous présenter Monsieur Lelong.	May I introduce Mr. Lelong to you.
permettre de	to permit
moi	me
présenter	to present
Monsieur	Mister

M. LELONG

Je suis heureux de faire votre connaissance, Mademoiselle.	I'm happy to meet you, Miss Courtois.

être (je suis)	to be (I am)
heureux	happy
heureux de	happy to
faire	to make, to do
votre	your
connaissance (f)	acquaintance

MLLE COURTOIS

Bonjour, Monsieur. How do you do, Mr. Lelong.

MME ~~COURTOIS~~ DURAND

Avez-vous
des nouvelles de
votre frère? Do you have news from your brother?

avoir (avez-vous)	to have (do you have)
nouvelles (f)	news
de votre	from your
frère (m)	brother

MLLE COURTOIS

Oui, merci.
Il est à Lyon maintenant. Yes, thank you. He's in Lyon now.

oui	yes
être (il est)	to be (he is)
à	in
maintenant	now

MME DURAND

Vos parents
sont-ils
toujours en vacances? Are your parents still on vacation?

vos	your
parents (m)	parents
être (sont-ils)	to be (are they)
toujours	always, still
en	in, on
vacances (f)	vacation

MLLE COURTOIS

Oui,
et ma soeur
est avec eux. EUX Yes, and my sister is with them.

et	and
ma	my
soeur (f)	sister

avec	with
eux	them

MME DURAND

Transmettez-leur mon meilleur souvenir.	Send them my best regards.

transmettre	to transmit
leur	them
mon	my
meilleur	best
souvenir (m)	souvenir, *REGARDS*

MLLE COURTOIS

Je n'y manquerai pas.	I certainly will.

ne ... pas	not
manquer à	to fail to

Excusez-moi, je suis pressée.	Excuse me, I'm in a hurry.

excuser	to excuse
pressée	in a hurry

A bientôt, j'espère.	See you soon, I hope.

bientôt	soon
espérer (j'espère)	to hope (I hope)

MME DURAND

Au revoir, Janine.	Good-by, Janine.

MLLE COURTOIS

Au revoir, Monsieur.	Good-by, Mr. Lelong.

M. LELONG

Au revoir, Mademoiselle.	Good-by, Miss Courtois.
(Madame Durand et Monsieur Lelong)	(Mrs. Durand and Mr. Lelong)

MME DURAND

Quelle heure est-il?	What time is it?

quelle	which
heure (f)	hour
il	it

M. LELONG

Il est une heure.	It's one o'clock.

une	one, a, an

MME DURAND

Où allons-nous déjeuner?	Where are we going to have lunch?
où	where
aller (allons-nous)	to go (do we go)
déjeuner	to have lunch

M. LELONG

Voulez-vous aller au Café de Paris?	Do you want to go to the Café de Paris?
vouloir (voulez-vous)	to want (do you want)
au	at the, to the
café (m)	coffee, cafe
Café de Paris	Café de Paris (name of a restaurant)

MME DURAND

Oui, c'est un très bon restaurant.	Yes, it's a very good restaurant.
c'est	it is, that is
bon	good
restaurant (m)	restaurant

M. LELONG

Et il est près d'ici.	And it's near by.
près (de)	near, close
ici	here

USEFUL WORDS

1. Mon frère va bien.	My brother feels fine.
2. Mon père va bien.	My father feels fine.
3. Mon fils va bien.	My son feels fine.
4. Mon mari va bien.	My husband feels fine.
5. Mon enfant va bien.	My child feels fine.
6. Mon ami va bien	My friend feels fine.
7. Il va bien.	He feels fine.

1. Ma soeur va bien.	My sister feels fine.
2. Ma mère va bien.	My mother feels fine.
3. Ma fille va bien.	My daughter feels fine.
4. Ma femme va bien.	My wife feels fine.
5. Mon amie va bien.	My friend feels fine.
6. Elle va bien.	She feels fine.

1. Va-t-elle au café?	Is she going to the cafe?
2. Va-t-elle à Paris?	Is she going to Paris?
3. Va-t-elle au restaurant?	Is she going to the restaurant?

4. Va-t-elle à Lyon?   Is she going to Lyon?

1. Va-t-il en classe?   Is he going to class?
2. Va-t-il au café?   Is he going to the cafe?
3. Va-t-il en vacances?   Is he going on vacation?
4. Va-t-il au restaurant?   Is he going to the restaurant?

1. Où allez-vous?   Where are you going?
2. Où allons-nous?   Where are we going?
3. Où va-t-il?   Where is he going?
4. Où va-t-elle?   Where is she going?

1. Quand allez-vous à Paris?   When are you going to Paris?
2. Quand allons-nous à Lyon?   When are we going to Lyon?
3. Quand allez-vous au café?   When are you going to the cafe?
4. Quand allons-nous au restaurant?   When are we going to the restaurant?

1. Pourquoi va-t-elle à Lyon?   Why is she going to Lyon?
2. Quand va-t-elle à Lyon?   When is she going to Lyon?
3. Avec qui va-t-elle à Lyon?   With whom is she going to Lyon?
4. A quelle heure va-t-elle à Lyon?   At what time is she going to Lyon?

1. Je sais qu'il est une heure.   I know it's one o'clock.
2. Je sais qu'elle est ici.   I know she's here.
3. Je sais qu'elle va bien.   I know she's feeling fine.
4. Je sais qu'ils sont pressés.   I know they're in a hurry.
5. Je sais qu'elles sont pressées.   I know they're in a hurry.

1. J'espère que c'est ici.   I hope it's here.
2. J'espère que c'est bon.   I hope it's good.
3. J'espère que vous avez des   I hope you have (some) news.
    nouvelles.
4. J'espère que nous allons   I hope we're going to lunch.
    déjeuner.
5. J'espère que vous allez bien.   I hope you're feeling fine.

Vocabulary Awareness
(not recorded)

on the street	dans la rue
the street	la rue
on, in	dans
to make	faire
How are you?	Comment allez-vous?
how	comment
very well	très bien
well	bien
very	très
very happy	très heureux
very much in a hurry	très pressé
very late	très en retard
louder	plus fort
very loud	très fort
now	maintenant

at what time	à quelle heure
what time	quelle heure
what	quelle
one o'clock	une heure
one hour	une heure
at one o'clock	à une heure
always, still	toujours
always late	toujours en retard
once more, once again	encore une fois
once	une fois
again	encore
on vacation	en vacances
near here	près d'ici
near	près
here	ici
still here	toujours ici
see you soon	à bientôt
your brother	votre frère
your acquaintance	votre connaissance
your	votre
your wife	votre femme
your daughter	votre fille
your mother	votre mère
your name	votre nom
your parents	vos parents
your	vos
your brothers	vos frères
Are they on vacation?	Sont-ils en vacances?
Where are they?	Où sont-ils?
Are they here?	Sont-ils ici?
Are they still here?	Sont-ils toujours ici?
Are they in a hurry?	Sont-ils pressés?
with them	avec eux
with	avec
with my sister	avec ma soeur
with my mother	avec ma mère
with Janine	avec Janine

Tape 1.2

Lexical Drills

Lexical A-1

1. Je suis heureux de faire votre connaissance.
2. Il est heureux de faire votre connaissance.
3. Mon frère est heureux de faire votre connaissance.
4. Mon père est heureux de faire votre connaissance.
5. Ils sont heureux de faire votre connaissance.
6. Mon frère est heureux de faire votre connaissance.
7. Mon ami est heureux de faire votre connaissance.
8. Je suis heureux de faire votre connaissance.

Lexical A-2

1. Je suis heureux de faire votre connaissance.
2. Je suis heureux de parler français.
3. Je suis heureux de déjeuner avec vous.
4. Je suis heureux de parler anglais.
5. Je suis heureux de transmettre les nouvelles.
6. Je suis heureux de présenter mon ami.
7. Je suis heureux de déjeuner au restaurant.
8. Je suis heureux de faire votre connaissance.

Lexical A-3

1. Je suis heureux d'être à Paris.
2. Je suis heureux d'aller au café.
3. Je suis heureux d'être ici.
4. Je suis heureux d'écouter les nouvelles.
5. Je suis heureux d'être avec eux.
6. Je suis heureux d'aller à Paris.
7. Je suis heureux d'être en retard.
8. Je suis heureux d'écouter votre ami.
9. Je suis heureux d'être près d'ici.
10. Je suis heureux d'aller au restaurant.
11. Je suis heureux d'être au café.
12. Je suis heureux d'être à Paris.

Lexical A-4

1. Il est à Lyon.
2. Vos parents sont à Lyon.
3. Ils sont à Lyon.
4. Vos soeurs sont à Lyon.
5. Elles sont à Lyon.
6. Mon père est à Lyon.
7. Ma soeur est à Lyon.
8. Elle est à Lyon.
9. Il est à Lyon.

Lexical A-5

1. Il est à Lyon.
2. Il est au café.
3. Il est à Paris.
4. Il est en retard.
5. Il est en vacances.
6. Il est au restaurant.
7. Il est au café.
8. Il est à Lyon.

Lexical A-6

1. Sont-ils toujours en vacances?
2. Sont-elles toujours en vacances?
3. Est-il toujours en vacances?
4. Est-elle toujours en vacances?
5. Allons-nous toujours en vacances?
6. Sont-ils toujours en vacances?

Lexical A-7

1. Sont-ils toujours à Paris?
2. Sont-ils toujours à Lyon?
3. Sont-ils toujours au café?
4. Sont-ils toujours au restaurant?
5. Sont-ils toujours en classe?
6. Sont-ils toujours en vacances?
7. Sont-ils toujours à l'heure?
8. Sont-ils toujours en retard?
9. Sont-ils toujours à Paris?

Lexical A-8

1. Sont-ils toujours en vacances?
2. Sont-ils toujours pressés?

3. Sont-ils toujours heureux?
4. Sont-ils toujours à l'heure?
5. Sont-ils toujours français?
6. Sont-ils toujours ensemble?
7. Sont-ils toujours près d'ici?
8. Sont-ils toujours en retard?
9. Sont-ils toujours en vacances?

Lexical A-9

1. Où allons-nous déjeuner?
2. Où va-t-elle déjeuner?
3. Où va-t-il déjeuner?
4. Où allez-vous déjeuner?
5. Où voulez-vous déjeuner?
6. Où allons-nous déjeuner?

Lexical A-10

1. Il est à Lyon maintenant.
2. Il est anglais maintenant.
3. Il est français maintenant.
4. Il est pressé maintenant.
5. Il est en retard maintenant.
6. Il est à Paris maintenant.
7. Il est à l'heure maintenant.
8. Il est heureux maintenant.
9. Il est pressé maintenant.
10. Il est à Lyon maintenant.

Lexical A-11

1. Voilà Mademoiselle Courtois.
2. Voilà le restaurant.
3. Voilà le café.
4. Voilà Paris.
5. Voilà votre frère.
6. Voilà le livre.
7. Voilà la porte.
8. Voilà vos parents.
9. Voilà ma soeur.
10. Voilà mon ami.
11. Voilà Mademoiselle Courtois.

Lexical A-12

1. Ecoutez la phrase.
2. Je ne sais pas la phrase.
3. Ne lisez pas la phrase.
4. Dites-moi la phrase.
5. Je n'entends pas la phrase.
6. Traduisez la phrase.
7. Lisez la phrase.
8. Je ne comprends pas la phrase.
9. Ecoutez la phrase.

Lexical A-13

1. C'est un bon restaurant.
2. C'est un bon livre.
3. C'est un bon café.
4. C'est un bon souvenir.
5. C'est un bon frère.
6. C'est un bon Français.
7. C'est un bon restaurant.

Lexical A-14

1. Avez-vous des nouvelles de votre frère?
2. Avez-vous des nouvelles de votre soeur?
3. Avez-vous des nouvelles de votre père?
4. Avez-vous des nouvelles de votre ami?
5. Avez-vous des nouvelles de votre femme?
6. Avez-vous des nouvelles de votre mère?

7. Avez-vous des nouvelles de votre fille?
8. Avez-vous des nouvelles de votre fils?
9. Avez-vous des nouvelles de votre mari?
10. Avez-vous des nouvelles de votre frère?

Lexical A-15

1. Permettez-moi de vous présenter Monsieur Lelong.
2. Permettez-moi de vous présenter Madame Durand.
3. Permettez-moi de vous présenter mon fils.
4. Permettez-moi de vous présenter Mademoiselle Courtois.
5. Permettez-moi de vous présenter mon frère.
6. Permettez-moi de vous présenter mon ami.
7. Permettez-moi de vous présenter ma soeur.
8. Permettez-moi de vous présenter Monsieur Lelong.

Lexical A-16

1. Je ne sais pas où elles sont.
2. Je ne sais pas où il va.
3. Je ne sais pas où vous allez.
4. Je ne sais pas où il est.
5. Je ne sais pas où il va.
6. Je ne sais pas où nous allons.
7. Je ne sais pas où elles sont.
8. Je ne sais pas où elle est.
9. Je ne sais pas où elles sont.

*Lexical B-1

1. Nous sommes pressés.
2. Il est pressé.
3. Il est français.
4. Ils sont français.
5. Ils sont près d'ici.
6. Elle est près d'ici.
7. Elle est pressée.
8. Nous sommes pressés.

*Lexical B-2

1. Je suis heureux d'être à Paris.
2. Je suis heureux d'être ici.
3. Ils sont heureux d'être ici.
4. Ils sont heureux d'être en vacances.
5. Il est heureux d'être en vacances.
6. Il est heureux d'être avec eux.
7. Nous sommes heureux d'être avec eux.
8. Nous sommes heureux d'être à Paris.
9. Je suis heureux d'être à Paris.

*Lexical B-3

1. Sont-ils toujours en vacances?
2. Sont-elles toujours en vacances?
3. Sont-elles toujours ici?
4. Est-il toujours ici?
5. Est-il toujours au café?
6. Est-elle toujours au café?
7. Est-elle toujours en vacances?
8. Sont-ils toujours en vacances?

*Lexical B-4

1. Quand allez-vous au café?
2. Quand allez-vous au restaurant?
3. Quand allons-nous au restaurant?
4. Pourquoi allons-nous au restaurant?
5. Pourquoi allons-nous à Paris?
6. Pourquoi va-t-il à Paris?
7. Avec qui va-t-il à Paris?
8. Avec qui va-t-il au café?
9. Avec qui allez-vous au café?
10. Quand allez-vous au café?

Questions on the Dialogue

1.	Comment va Janine?	Elle va bien.
2.	Où est le frère de Janine?	Il est à Lyon.
3.	Où sont les parents de Janine?	Ils sont en vacances.
4.	Janine est pressée?	Oui, elle est pressée.
5.	Quelle heure est-il?	Il est une heure.
6.	Mme Durand va déjeuner au restaurant?	Oui, elle va déjeuner au restaurant.
7.	Elle va déjeuner à une heure?	Oui, elle va déjeuner à une heure.
8.	Elle va déjeuner avec Janine?	Non, elle va déjeuner avec Monsieur Lelong.
9.	Où est le Café de Paris?	Il est près d'ici.
10.	C'est un bon restaurant?	Oui, c'est un bon restaurant.

Grammar 1: Noun-Markers

Grammar Note

In French, nouns are marked for gender and number by one of six different kinds of forms which precede them. Traditionally, these are called:

    a. Definite articles.
    b. Indefinite articles.
    c. Cardinal numbers.
    d. Demonstrative adjectives.
    e. Possessive adjectives.
    f. Indefinite articles.

We group them together syntactically under the label noun-markers. In fact a noun can be defined as any single form which is preceded by one of these noun-markers.

a. Definite articles le, la, l', les.

The French definite article that corresponds to English 'the' has several shapes:

Singular

le occurs in front of some French singular nouns that begin with a consonant:

        le restaurant   the restaurant
        le frère   the brother

la occurs in front of all other French singular nouns that begin with a consonant:

        la rue   the street
        la soeur   the sister

These two shapes do not occur indiscriminately, i.e., 'connaissance' can be preceded only by la and never by le and 'restaurant' only by le and never by la. This permits classification of all French nouns into two classes, called genders, which play a major role in French grammar. Although most nouns do not refer to sex at all, the two noun classes are traditionally labelled masculine for <u>le</u> and feminine for <u>la</u>.

<u>l'</u> occurs in front of French singular nouns that begin with a vowel and is pronounced as part of the first syllable of those nouns:

l'ami	(la-mi)	the friend
l'enfant	(len-fant)	the child

This does not mean that a noun that begins with a vowel is neither masculine nor feminine, but simply that there is no distinctive mark of gender present in the definite article preceding it.

<u>Plural</u>

<u>les</u> occurs in front of French plural nouns:

les parents	the parents
les amis	the friends

<u>Remember</u>: When <u>les</u> is followed by a noun beginning with a vowel, the <u>s</u> of <u>les</u> is pronounced like a <u>z</u> at the beginning of that word. (see chapter 2 of Introduction to French Phonology)

Tabulating the shapes:

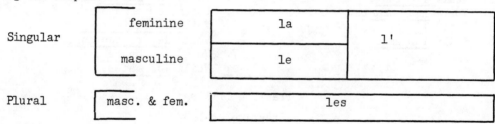

Singular	feminine	la	l'
	masculine	le	
Plural	masc. & fem.	les	

<u>Singular</u>

Voilà la porte.
Voilà la classe.

Voilà le livre.
Voilà le restaurant.

Voilà l'ami.
Voilà l'enfant.

<u>Plural</u>

Voilà les portes.
Voilà les classes.

(see L.2-Gr.1)

Voilà les livres.
Voilà les restaurants.

(see L.1-Gr.1)

Voilà les amis.
Voilà les enfants.

(See L.5-Gr.1)

Learning Drills

Learning 1

1. Voilà le livre.
2. Voilà les livres.
3. Voilà le restaurant.
4. Voilà les restaurants.
5. Voilà le café.
6. Voilà les cafés.

Learning 2

1. Voilà la porte.
2. Voilà les portes.
3. Voilà la leçon.
4. Voilà les leçons.
5. Voilà la classe.
6. Voilà les classes.

Learning 3

1. Voilà le livre.
2. Voilà la porte.
3. Voilà le restaurant.
4. Voilà la leçon.
5. Voilà le café.
6. Voilà la classe.

Learning 4

1. Voilà le livre.
2. Voilà l'heure.
3. Voilà le restaurant.
4. Voilà l'enfant.
5. Voilà le café.
6. Voilà l'ami.

Learning 5

1. Voilà l'heure.
2. Voilà les heures.
3. Voilà l'enfant.
4. Voilà les enfants.
5. Voilà l'ami.
6. Voilà les amis.

Learning 6

1. Voilà l'enfant.
2. Voilà les enfants.
3. Voilà la classe.
4. Voilà les classes.
5. Voilà le restaurant.
6. Voilà les restaurants.
7. Voilà les heures.
8. Voilà les cafés.

Practice Drills

Practice A-1

Tutor   : Où est la porte?
Student: La voilà.

1. Où est le restaurant?   Le voilà.
2. Où est la leçon?   La voilà.
3. Où est la classe?   La voilà.
4. Où est le café?   Le voilà.
5. Où est le livre?   Le voilà

Practice A-2

Tutor   : Où est le père de Janine?
Student: Le voilà.

1. Où est le fils de M. Lelong?   Le voilà.
2. Où est la fille de M. et Mme Durand?   La voilà.
3. Où est le frère de Janine?   Le voilà.
4. Où est la soeur de Janine?   La voilà.
5. Où est le père de Janine?   Le voilà.
6. Où est M. Durand?   Le voilà.
7. Où est Mlle Courtois?   La voilà.
8. Où est Mme Durand?   La voilà.

Practice A-3

Tutor : Voilà le restaurant.
Student: Voilà les restaurants.

1. Voilà la classe.	Voilà les classes.
2. Voilà le frère de Janine.	Voilà les frères de Janine.
3. Voilà la soeur de Janine.	Voilà les soeurs de Janine.
4. Voilà la porte.	Voilà les portes.
5. Voilà le livre.	Voilà les livres.
6. Voilà le café.	Voilà les cafés.
7. Voilà la leçon.	Voilà les leçons.

Practice A-4

Tutor : Voilà les restaurants.
Student: Voilà le restaurant.

1. Voilà les classes.	Voilà la classe.
2. Voilà les frères de Janine.	Voilà le frère de Janine.
3. Voilà les soeurs de Janine.	Voilà la soeur de Janine.
4. Voilà les portes.	Voilà la porte.
5. Voilà les livres.	Voilà le livre.
6. Voilà les cafés.	Voilà le café.
7. Voilà les leçons.	Voilà la leçon.

Practice A-5

Tutor : Où sont les restaurants?
Student: Les voilà.

1. Où sont les enfants?	Les voilà.
2. Où sont les livres?	Les voilà.
3. Où sont les leçons?	Les voilà.
4. Où sont les amis de Janine?	Les voilà.
5. Où sont les parents de Janine?	Les voilà.

Practice A-6

Tutor : Où est Janine?
Student: La voilà.

1. Où sont les frères de Janine?	Les voilà.
2. Où est votre soeur?	La voilà.
3. Où est le livre?	Le voilà.
4. Où sont les livres?	Les voilà.
5. Où est le café?	Le voilà.
6. Où est la porte?	La voilà.
7. Où sont les amis de Janine?	Les voilà.

Practice A-7

1. Où est le livre?
2. Où sont les livres?
3. Où est le café?
4. Où sont les cafés?

4. Où sont <u>les restaurants</u>?
5. Où sont <u>les restaurants</u>?
6. Où est <u>la classe</u>?
7. Où est <u>la porte</u>?
8. Où sont <u>les portes</u>?
9. Où est <u>l'enfant</u>?
10. Où sont <u>les enfants</u>?

*Practice B-1

1. Où est le livre?
2. Où sont les livres?
3. <u>Où est</u> le café?
4. <u>Où sont</u> les cafés?
5. <u>Où est</u> la classe?
6. <u>Où sont</u> les classes?
7. <u>Où est</u> l'enfant?
8. <u>Où sont</u> les enfants?
9. Où est la porte?

*Practice B-2

1. Les amis de Janine sont ici.
2. L'ami de Janine <u>est à Paris.</u>
3. <u>Les soeurs de Janine</u> sont à Paris.
4. <u>La soeur de Janine</u> <u>est en vacances.</u>
5. <u>Les frères de Janine</u> sont en vacances.
6. <u>Le frère de Janine</u> <u>est à Lyon.</u>
7. <u>Les amis de Janine</u> sont à Lyon.
8. <u>L'ami de Janine</u> <u>est ici.</u>

Grammar 2: Subject Pronouns

Grammar Note

Comment allez-<u>vous</u>?
<u>Je</u> suis heureux de faire votre connaissance, Mademoiselle.
<u>Il</u> est à Lyon maintenant.
Où allons-<u>nous</u> déjeuner?

A French verb is usually preceded by a noun or by one of a set of short, unstressed forms which we will define as subject pronouns. These pronouns often refer back to some person or thing previously mentioned or indicated. The subject pronouns must be followed by or preceded by a verb. This provides a handy way, incidentally, of identifying verbs. The forms are:

	je	I
	nous	we
	vous	you
Singular	il (m)	he
	elle (f)	she
	on (m.f.)	one, we, people..
Plural	ils (m)	they
	elles (f)	

<u>Remember</u>: Before a verb beginning with a vowel, the first person pronoun <u>je</u> is spelled <u>j'</u> and it is pronounced with the first syllable of the verb.

j'espère   I hope

The choice of the appropriate pronoun for the third person plural may cause difficulty. The concept is: <u>elles</u> marks plural when all the people or things referred to are feminine. <u>ils</u> marks plural in all other cases.

Vos soeurs sont près d'ici. Elles sont près d'ici.	Your sisters are near by. They are near by. <div align="right">(see L.3-Gr.2)</div>
Les parents sont en vacances. Ils sont en vacances.	The parents are on vacation. They are on vacation. <div align="right">(see L.4-Gr.2)</div>
Marie, Anne et Janine sont au restaurant. Elles sont au restaurant.	Marie, Anne and Janine are at the restaurant. They are at the restaurant. <div align="right">(see L.3-Gr.2)</div>
Marie, Anne, Janine et Pierre sont à Paris. Ils sont à Paris.	Marie, Anne, Janine and Pierre are in Paris. They are in Paris. <div align="right">(see L.4-Gr.2)</div>

Learning Drills

Learning 1

1. Ma soeur est en vacances; elle est à Paris.
2. Ma fille est en vacances; elle est à Paris.
3. Mon amie Janine est en vacances; elle est à Paris.
4. Janine est en vacances; elle est à Paris.
5. Ma mère est en vacances; elle est à Paris.
6. Mlle Courtois est en vacances; elle est à Paris.
7. Mme Durand est en vacances; elle est à Paris.
8. Mon amie Janine est en vacances; elle est à Paris.
9. Ma soeur est en vacances; elle est à Paris.

Learning 2

1. Mon frère est en vacances; il est à Paris.
2. Mon père est en vacances; il est à Paris.
3. Mon ami M. Lelong est en vacances; il est à Paris.
4. M. Durand est en vacances; il est à Paris.
5. Mon fils est en vacances; il est à Paris.
6. Le frère de Janine est en vacances; il est à Paris.
7. M. Lelong est en vacances; il est à Paris.
8. Mon frère est en vacances; il est à Paris.

Learning 3

1. Ma femme et ma fille sont en vacances; elles sont à Paris.
2. Ma femme et ma soeur sont en vacances; elles sont à Paris.
3. Ma soeur et ma fille sont en vacances; elles sont à Paris.
4. Janine et ma soeur sont en vacances; elles sont à Paris.
5. Mlle Courtois et ma fille sont en vacances; elles sont à Paris.

6. Mme Durand et ma femme sont en vacances; elles sont à Paris.
7. Ma soeur et Mme Durand sont en vacances; elles sont à Paris.
8. Ma femme et ma fille sont en vacances; elles sont à Paris.

Learning 4

1. Mon mari et mon fils sont en vacances; ils sont à Paris.
2. Mon frère et mon mari sont en vacances; ils sont à Paris.
3. Mon fils et mon frère sont en vacances; ils sont à Paris.
4. Mon frère et Janine sont en vacances; ils sont à Paris.
5. Janine et mon fils sont en vacances; ils sont à Paris.
6. M. et Mme Durand sont en vacances; ils sont à Paris.
7. Mon père et ma mère sont en vacances; ils sont à Paris.
8. Les enfants sont en vacances; ils sont à Paris.
9. Les parents de Janine sont en vacances; ils sont à Paris.
10. Ma femme et mon fils sont en vacances; ils sont à Paris.

Practice Drills

Practice A-1

1. Mlle Courtois et ma fille sont en vacances; elles sont à Paris.
2. Mon frère et ma soeur sont en vacances; ils sont à Paris.
3. Le frère de Janine est en vacances; il est à Paris.
4. Janine et ma soeur sont en vacances; elles sont à Paris.
5. M. Lelong est en vacances; il est à Paris.
6. Mme Durand et M. Lelong sont en vacances; ils sont à Paris.
7. M. et Mme Lelong sont en vacances; ils sont à Paris.
8. Mlle Courtois est en vacances; elle est à Paris.
9. Mon père et mon frère sont en vacances; ils sont à Paris.
10. Les parents de Janine sont en vacances; ils sont à Paris.

Practice A-2

Tutor   : Où est Janine?
Student: Elle est en vacances.

1. Où sont les enfants?	Ils sont en vacances.
2. Où sont vos filles?	Elles sont en vacances.
3. Où est Mlle Courtois?	Elle est en vacances.
4. Où est votre fils?	Il est en vacances.
5. Où sont vos fils?	Ils sont en vacances.
6. Où sont Janine et sa soeur?	Elles sont en vacances.
7. Où sont vos parents?	Ils sont en vacances.
8. Où sont votre père et votre frère?	Ils sont en vacances.

Practice A-3

Tutor   : Où est votre amie Janine?
Student: Elle est ici.

1. Où est le livre?	Il est ici.
2. Où est le café?	Il est ici.

3. Où est votre frère?   Il est ici.
4. Où sont vos parents?   Ils sont ici.
5. Où est Mlle Courtois?   Elle est ici.
6. Où sont les livres?   Ils sont ici.
7. Où est votre soeur?   Elle est ici.
8. Où sont vos frères?   Ils sont ici.
9. Où sont vos soeurs?   Elles sont ici.
10. Où est votre fils?   Il est ici.

Practice A-4

Tutor   : Où sont les livres?
Student: Je ne sais pas où ils sont.

1. Où est le livre?   Je ne sais pas où il est.
2. Où est Janine?   Je ne sais pas où elle est.
3. Où est la classe?   Je ne sais pas où elle est.
4. Où est le restaurant?   Je ne sais pas où il est.
5. Où est mon frère?   Je ne sais pas où il est.
6. Où est votre amie Janine?   Je ne sais pas où elle est.
7. Où sont les enfants?   Je ne sais pas où ils sont.
8. Où est le livre?   Je ne sais pas où il est.

Grammar 3: Inversion Questions

Grammar Note

There are several ways of formulating questions in French. One way is to reverse the positions of the subject pronoun (sp) and the verb. This process is called inversion.

Vous avez des nouvelles.   Avez-vous des nouvelles?
Ils sont en vacances.   Sont-ils en vacances?
Il est à Lyon maintenant.   Est-il à Lyon maintenant?
Nous allons au café.   Allons-nous au café?
                                               (see L.1,2,3-Gr.3)

Note that when the 3rd person singular ends with a vowel, a 't' is added between the verb and the pronoun.

Il va bien.   Va-t-il bien?

Remember: The 't' is pronounced as part of the syllable that follows it.

Question inversion is possible only with subject pronoun and verb. When the subject is a noun, the noun remains before the verb and the appropriate pronoun must be introduced after the verb to form a question.

Vos parents sont-ils toujours en   Are your parents still on vacation?
vacances?
Le restaurant est-il bon?   Is the restaurant good?
                                               (see L.4-Gr.3)

Learning Drills

Learning 1

1. Voulez-vous le livre?
2. Traduisez-vous le livre?
3. Avez-vous le livre?
4. Fermez-vous le livre?
5. Ouvrez-vous le livre?
6. Lisez-vous le livre?
7. Demandez-vous le livre?
8. Voulez-vous le livre?

Learning 2

1. Sont-ils pressés?
2. Est-il pressé?
3. Sont-elles pressées?
4. Est-elle pressée?
5. Etes-vous pressé?
6. Sommes-nous pressés?

Learning 3

1. Etes-vous au café?
2. Allez-vous au café?
3. Sont-elles au café?
4. Est-il au café?
5. Allons-nous au café?
6. Est-elle au café?
7. Va-t-elle au café?
8. Va-t-il au café?
9. Allez-vous au café?
10. Sont-ils au café?

Learning 4

1. Vos parents sont-ils toujours en vacances?
2. Vos amis sont-ils toujours en vacances?
3. Vos amies sont-elles toujours en vacances?
4. Votre amie est-elle toujours en vacances?
5. Votre ami est-il toujours en vacances?
6. Votre soeur est-elle toujours en vacances?
7. Votre frère est-il toujours en vacances?
8. Les enfants sont-ils toujours en vacances?
9. Vos filles sont-elles toujours en vacances?
10. Vos fils sont-ils toujours en vacances?
11. M. et Mme Lelong sont-ils toujours en vacances?
12. Votre frère et votre soeur sont-ils toujours en vacances?
13. Votre soeur et Janine sont-elles toujours en vacances?

Practice Drills

Practice A-1

Tutor　: Vous allez à Paris?
Student: Allez-vous à Paris?

1. Vous allez au restaurant?	Allez-vous au restaurant?
2. Vous parlez français?	Parlez-vous français?
3. Vous traduisez le livre?	Traduisez-vous le livre?
4. Vous fermez la porte?	Fermez-vous la porte?
5. Vous répétez la phrase?	Répétez-vous la phrase?

6. Vous lisez la leçon?	Lisez-vous la leçon?
7. Vous répondez en français?	Répondez-vous en français?
8. Vous écoutez la phrase?	Ecoutez-vous la phrase?
9. Vous ouvrez la porte?	Ouvrez-vous la porte?
10. Vous avez des nouvelles?	Avez-vous des nouvelles?

Practice A-2

Tutor   : Vous êtes heureux?
Student: Etes-vous heureux?

1. Vous êtes pressé?	Etes-vous pressé?
2. Vous êtes français?	Etes-vous français?
3. Vous êtes près d'ici?	Etes-vous près d'ici?
4. Vous êtes en retard?	Etes-vous en retard?
5. Vous êtes anglais?	Etes-vous anglais?
6. Vous êtes au café?	Etes-vous au café?
7. Vous êtes heureux?	Etes-vous heureux?
8. Vous êtes M. Lelong?	Etes-vous M. Lelong?
9. Vous êtes pressé?	Etes-vous pressé?

Practice A-3

Tutor   : Ils sont ensemble.
Student: Sont-ils ensemble?

1. Elles sont ensemble.	Sont-elles ensemble?
2. Ils sont heureux.	Sont-ils heureux?
3. Il est heureux.	Est-il heureux?
4. Elle est ici.	Est-elle ici?
5. Elles sont ici.	Sont-elles ici?
6. Ils sont ici.	Sont-ils ici?
7. Il est anglais.	Est-il anglais?
8. Ils sont anglais.	Sont-ils anglais?
9. Elles sont ensemble.	Sont-elles ensemble?

Practice A-4

Tutor   : Il va au café.
Student: Va-t-il au café?

1. Elle va à Lyon.	Va-t-elle à Lyon?
2. Ils sont pressés.	Sont-ils pressés?
3. Elle est pressée.	Est-elle pressée?
4. Il est français.	Est-il français?
5. Ils sont français.	Sont-ils français?
6. Il sait la leçon.	Sait-il la leçon?
7. Elle sait la leçon.	Sait-elle la leçon?
8. Il va déjeuner.	Va-t-il déjeuner?
9. Elle va déjeuner.	Va-t-elle déjeuner?

Practice A-5

Tutor   : Janine est à Paris.
Student: Est-elle toujours en vacances?

1. Mon père et ma mère sont à   Sont-ils toujours en vacances?
   Paris.
2. Mon frère est à Paris.   Est-il toujours en vacances?
3. Ma soeur est à Paris.   Est-elle toujours en vacances?
4. Les soeurs de Janine sont à   Sont-elles toujours en vacances?
   Paris.
5. Mlle Courtois est à Paris.   Est-elle toujours en vacances?
6. Mon frère et ma soeur sont à   Sont-ils toujours en vacances?
   Paris.
7. Mme Lelong et Mme Courtois sont   Sont-elles toujours en vacances?
   à Paris.
8. M. et Mme Lelong sont à Paris.   Sont-ils toujours en vacances?
9. Janine est à Paris.   Est-elle toujours en vacances?

Practice A-6

Tutor   : Janine va au restaurant.
Student: Janine va-t-elle au restaurant?

1. Les enfants sont en vacances.   Les enfants sont-ils en vacances?
2. Vos parents sont ici.   Vos parents sont-ils ici?
3. Janine est avec eux.   Janine est-elle avec eux?
4. Janine sait mon nom.   Janine sait-elle mon nom?
5. Ma soeur va à Lyon.   Ma soeur va-t-elle à Lyon?
6. Ma fille va avec eux.   Ma fille va-t-elle avec eux?
7. Janine comprend la leçon.   Janine comprend-elle la leçon?
8. La classe commence à une heure.   La classe commence-t-elle à une heure?
9. M. Lelong comprend.   M. Lelong comprend-il?
10. Ce mot est français.   Ce mot est-il français?
11. Vos filles sont en retard.   Vos filles sont-elles en retard?
12. Le restaurant est bon.   Le restaurant est-il bon?

Grammar 4:   The Verb: être = to be

Grammar Note

Je suis heureux de faire votre connaissance, Mademoiselle.
Il est à Lyon maintenant.
Vos parents sont-ils toujours en vacances?

The most frequently occurring verb in French is être, 'to be'. Here are
its forms, which vary grammatically according to the noun or subject pronoun
with which it is tied:

SP   Verb

je suis   I am
il est, elle est, on est   he is, she is, one is

ils sont, elles sont	they are
nous sommes	we are
vous êtes	you are

Verb ‿ SP

suis-je	am I
est-il, est-elle, est-on	is he, is she, is one
sont-ils, sont-elles	are they
sommes-nous	are we
êtes-vous	are you

Learning Drills

Learning 1

1. Il est pressé.
2. Ils sont pressés.
3. Elle est pressée.
4. On est pressé.
5. Elles sont pressées.
6. Elle est pressée.
7. Il est pressé.

Learning 2

1. Il est à Paris.
2. Ils sont à Paris.
3. Elle est à Paris.
4. Elles sont à Paris.
5. On est à Paris.
6. Il est à Paris.
7. Nos amis sont à Paris.
8. Janine est à Paris.

Learning 3

1. Ils sont ici.
2. Ils sont en retard.
3. Ils sont à Paris.
4. Ils sont au restaurant.
5. Ils sont en vacances.
6. Ils sont au café.
7. Ils sont à Lyon.
8. Ils sont au café.
9. Ils sont en retard.
10. Ils sont ensemble.
11. Ils sont avec eux.
12. Ils sont ici.

Learning 4

1. Il est fort.
2. Il est pressé.
3. Il est bon.
4. Il est français.
5. Il est près d'ici.
6. Il est fort.

Learning 5

1. Je suis en retard.
2. Je suis avec eux.
3. Je suis anglais.
4. Je suis en vacances.
5. Je suis heureux.
6. Je suis au restaurant.
7. Je suis au café.
8. Je suis à Paris.
9. Je suis à Lyon.

Learning 6

1. Nous sommes à Paris.
2. Nous sommes anglais.
3. Nous sommes ici.
4. Nous sommes en retard.
5. Nous sommes heureux.
6. Nous sommes en vacances.
7. Nous sommes à Paris.
8. Nous sommes au restaurant.
9. Nous sommes ensemble.
10. Nous sommes avec eux.

Learning 7

1. Vous êtes à Paris.
2. Vous êtes en retard.
3. Vous êtes à Lyon.
4. Vous êtes au café.
5. Vous êtes anglais.
6. Vous êtes avec eux.
7. Vous êtes ensemble.
8. Vous êtes au restaurant.

Learning 8

1. Vous êtes français.
2. Je suis français.
3. Ils sont français.
4. Nous sommes français.
5. On est français.
6. Je suis français.
7. Il est français.
8. Vous êtes français.
9. M. Durand est français.

Learning 9

1. Etes-vous en retard?
2. Sont-elles en retard?
3. Est-elle en retard?
4. Sont-ils en retard?
5. Est-il en retard?
6. Sommes-nous en retard?
7. Suis-je en retard?
8. Etes-vous en retard?

Practice Drills

Practice A-1

1. Les enfants sont en retard.
2. Je suis en retard.
3. Nous sommes en retard.
4. Janine est en retard.
5. M. Lelong est en retard.
6. M. et Mme Lelong sont en retard.
7. Vous êtes en retard.
8. Mlle Courtois et ma soeur sont en retard.

Practice A-2

1. Ils sont pressés.
2. Nous sommes pressés.
3. Les enfants sont pressés.
4. Mon frère et ma soeur sont pressés.
5. Mon ami est pressé.
6. Janine est pressée.
7. Je suis pressé.
8. Nous sommes pressés.

Practice A-3

1. Nous sommes en retard.
2. Nous sommes pressés.
3. Nous sommes au café.
4. Nous sommes français.
5. Nous sommes ici.
6. Nous sommes ensemble.
7. Nous sommes pressés.
8. Nous sommes heureux.
9. Nous sommes en retard.

Practice A-4

1. Ils sont pressés.
2. Ils sont heureux.
3. Ils sont ensemble.
4. Ils sont bons.
5. Ils sont avec eux.
6. Ils sont forts.
7. Ils sont en vacances.
8. Ils sont français.
9. Ils sont anglais.
10. Ils sont en retard.
11. Ils sont pressés.

Practice A-5

1. Nous sommes en retard.
2. Ils sont en retard.
3. Elle est en retard.
4. Ma fille est en retard.
5. Je suis en retard.
6. Ma femme est en retard.
7. Elles sont en retard.
8. Vous êtes en retard.
9. Nous sommes en retard.

Practice A-6

Tutor   : Avez-vous des nouvelles de votre frère?
Student: Oui, merci. Il est à Lyon maintenant.

1. Avez-vous des nouvelles de Janine?	Oui, merci. Elle est à Lyon maintenant.
2. Avez-vous des nouvelles de vos parents?	Oui, merci. Ils sont à Lyon maintenant.
3. Avez-vous des nouvelles de votre soeur?	Oui, merci. Elle est à Lyon maintenant.
4. Avez-vous des nouvelles de votre frère?	Oui, merci. Il est à Lyon maintenant.
5. Avez-vous des nouvelles de vos soeurs?	Oui, merci. Elles sont à Lyon maintenant.
6. Avez-vous des nouvelles de vos frères?	Oui, merci. Ils sont à Lyon maintenant.
7. Avez-vous des nouvelles de votre fille?	Oui, merci. Elle est à Lyon maintenant.
8. Avez-vous des nouvelles de Mlle Courtois?	Oui, merci. Elle est à Lyon maintenant.

Practice A-7

Tutor   : Les enfants sont-ils toujours à Lyon?
Student: Non, ils sont à Paris.

1. Etes-vous toujours à Lyon?	Non, je suis à Paris.
2. Janine est-elle toujours à Lyon?	Non, elle est à Paris.
3. Vos parents sont-ils toujours avec vous?	Non, ils sont à Paris.
4. Votre frère est-il toujours ici?	Non, il est à Paris.
5. Vos filles sont-elles toujours à Lyon?	Non, elles sont à Paris.
6. Votre amie est-elle toujours à Lyon?	Non, elle est à Paris.
7. Vos fils sont-ils toujours à Lyon?	Non, ils sont à Paris.

FRENCH

Practice A-8

Tutor   : A quelle heure allez-vous déjeuner?
Student: A une heure et nous sommes en retard.

1.	A quelle heure va-t-elle déjeuner?	A une heure et elle est en retard.
2.	A quelle heure votre ami va-t-il déjeuner?	A une heure et il est en retard.
3.	A quelle heure allez-vous déjeuner?	A une heure et je suis en retard.
4.	A quelle heure Janine va-t-elle déjeuner?	A une heure et elle est en retard.
5.	A quelle heure allons-nous déjeuner?	A une heure et nous sommes en retard.
6.	A quelle heure votre amie va-t-elle déjeuner?	A une heure et elle est en retard.
7.	A quelle heure M. Lelong va-t-il déjeuner?	A une heure et il est en retard.
8.	A quelle heure Mlle Courtois va-t-elle déjeuner?	A une heure et elle est en retard.
9.	A quelle heure allez-vous déjeuner?	A une heure et je suis en retard.

Practice A-9

Tutor   : Etes-vous pressé?
Student: Oui, je suis pressé.

1.	Sont-ils pressés?	Oui, ils sont pressés.
2.	Est-il heureux?	Oui, il est heureux.
3.	Sont-elles ici?	Oui, elles sont ici.
4.	Est-elle à Paris?	Oui, elle est à Paris.
5.	Etes-vous pressé?	Oui, je suis pressé.
6.	Etes-vous ensemble?	Oui, nous sommes ensemble.
7.	Sont-ils heureux?	Oui, ils sont heureux.
8.	Est-elle au restaurant?	Oui, elle est au restaurant.

Practice A-10

Tutor   : Je suis à Paris.
Student: Etes-vous en vacances?
Tutor   : Oui, je suis en vacances.

1.	Ma soeur est à Paris.	Est-elle en vacances?
	Oui, elle est en vacances.	
2.	Mon frère est à Paris.	Est-il en vacances?
	Oui, il est en vacances.	
3.	Mon père et ma mère sont à Paris.	Sont-ils en vacances?
	Oui, ils sont en vacances.	
4.	Janine est à Paris.	Est-elle en vacances?
	Oui, elle est en vacances.	
5.	Je suis à Paris.	Etes-vous en vacances?
	Oui, je suis en vacances.	

6. Mlle Courtois est à Paris.   Est-elle en vacances?
   Oui, elle est en vacances.
7. Mon fils et ma fille sont à   Sont-ils en vacances?
   Paris.
   Oui, ils sont en vacances.

Question Drill

1. Bonjour Monsieur. Comment allez-vous?
2. Avez-vous des nouvelles de vos amis?
3. Etes-vous heureux d'être ici?
4. Quelle heure est-il?
5. Etes-vous pressé?
6. Pourquoi êtes-vous pressé?
7. Où allons-nous déjeuner?
8. Le restaurant est-il bon?
9. Est-il près d'ici?
10. Avec qui allez-vous déjeuner?

Response Drill

1. Demandez à ... s'il est en retard.
2. Répondez que vous êtes pressé.
3. Demandez à ... pourquoi il est en retard.
4. Dites que vous ne savez pas.
5. Demandez à ... où il va.
6. Dites que vous allez déjeuner.
7. Demandez à ... s'il va au Café de Paris.
8. Dites que Janine et vous allez au restaurant.
9. Dites à ... que le Café de Paris est très bon.
10. Demandez à ... où il est.
11. Dites que vous êtes au café.
12. Demandez à ... quelle heure il est.
13. Dites qu'il est une heure.
14. Dites-moi que votre soeur est en vacances.
15. Demandez à ... où elle est.
16. Dites qu'elle est à Lyon.
17. Demandez avec qui elle est.

Review Drills

Review 1

1. Je suis heureux de faire votre connaissance.
2. Nous sommes heureux de faire votre connaissance.
3. Ils sont heureux de faire votre connaissance.
4. Mon ami est heureux de faire votre connaissance.
5. Il est heureux de faire votre connaissance.
6. Mon frère est heureux de faire votre connaissance.
7. Nous sommes heureux de faire votre connaissance.
8. Je suis heureux de faire votre connaissance.

Review 2

1. Je ne sais pas s'ils sont en vacances.
2. Je ne sais pas s'il est en vacances.
3. Je ne sais pas s'il est en retard.
4. Je ne sais pas s'ils sont au café.
5. Je ne sais pas s'il va au restaurant.
6. Je ne sais pas s'il va à Paris.
7. Je ne sais pas s'ils sont à l'heure.
8. Je ne sais pas s'ils sont avec eux.

Review 3

1. Je ne sais pas si elles sont en vacances.
2. Je ne sais pas si elle est à Paris.
3. Je ne sais pas si elle est au restaurant.
4. Je ne sais pas si elle va être en retard.
5. Je ne sais pas si c'est un bon restaurant.
6. Je ne sais pas si le café est près d'ici.
7. Je ne sais pas si elles sont ensemble.
8. Je ne sais pas si elle va déjeuner.
9. Je ne sais pas si les livres sont ici.

Review 4

Tutor　　:　C'est bon.
Student:　Oui, je sais que c'est bon.

1. C'est ici.	Oui, je sais que c'est ici.
2. Il va à Paris.	Oui, je sais qu'il va à Paris.
3. Elles sont pressées.	Oui, je sais qu'elles sont pressées.
4. Il est en vacances.	Oui, je sais qu'il est en vacances.
5. Ils sont anglais.	Oui, je sais qu'ils sont anglais.
6. C'est près d'ici.	Oui, je sais que c'est près d'ici.
7. Elle est pressée.	Oui, je sais qu'elle est pressée.
8. Ils sont en retard.	Oui, je sais qu'ils sont en retard.

Review 5

1. Dites-moi que vous êtes pressé.
2. Dites-moi que votre frère est pressé.
3. Dites-moi de fermer la porte.
4. Dites-moi que je suis en retard.
5. Dites-moi que vous êtes avec eux.
6. Dites-moi qu'ils sont près d'ici.
7. Dites-moi de parler plus fort.
8. Dites-moi que vous n'y manquerez pas.
9. Dites-moi que vous êtes heureux de faire ma connaissance.

Written Exercises   (not recorded)

Exercise 1

Traduisez les phrases suivantes.   (Translate the following sentences)

1. Je ne comprends pas ce mot. _____
2. Maintenant, traduisez la phrase. _____
3. Les enfants sont toujours en retard. _____
4. Avez-vous des nouvelles de votre mari? _____
5. Ils sont ensemble au restaurant. _____
6. J'espère qu'elle va bien maintenant. _____
7. Allons-nous déjeuner près d'ici? _____
8. Où allez-vous aller? _____
9. Le bon restaurant est dans la rue de Lyon. _____
10. Comment allez-vous à Paris? _____
11. Avec qui sont-ils en vacances? _____
12. Janine va-t-elle à Paris avec eux? _____
13. Excusez-moi, je ne vous entends pas. _____
14. Voulez-vous parler plus fort? _____
15. Votre frère et votre soeur sont-ils avec vous? _____

Exercise 2

Convert the following sentences into questions.

Example: Il est à Paris.   Est-il à Paris?

1. M. Durand est en vacances. _____
2. Votre frère est à Lyon. _____
3. Ils sont au restaurant. _____
4. Elle va à Lyon. _____
5. Vous avez votre livre. _____
6. Janine est en classe. _____
7. Mme Durand va au restaurant. _____
8. Nous allons à Paris. _____

9.   La classe commence à 9 heures. _____

10.   M. et Mme Lelong sont en retard. _____

Exercise 3

Say in French that:

1.   You are in a hurry.   Je suis pressé. _____

2.   He is happy.   _____

3.   The Durands are on vacation.   _____

4.   We are late.   _____

5.   He is going to Paris.   _____

6.   You don't know where she is.   _____

7.   The class begins at one o'clock.   _____

8.   The books are here.   _____

9.   We are going to have lunch at
     one o'clock.   _____

10.   They are French.   _____

11.   You understand.   _____

12.   You don't hear me.   _____

Exercise 4

Ask in French:

1.   Where the restaurant is.   Où est le restaurant? _____

2.   What time it is.   _____

3.   If he is late.   _____

4.   If he is near by.   _____

5.   If she is on vacation.   _____

6.   When he is going to Paris.   _____

7.   If we are going to the
     restaurant.   _____

8.   At what time the class begins.   _____

9.   How one says this word in
     French.   _____

10.   Where I am going.   _____

<u>Unit 2</u>

DIALOGUE

<u>Dans un petit hôtel</u>   <u>In a small hotel</u>

    petit   small
    hôtel (m)   hotel

       Mr. Day goes into a small hotel to rent a room.
       His family will be joining him in a week and he
       will need two rooms at that time.

   LE GERANT   THE MANAGER

Que désirez-vous,   May I help you, Sir?
Monsieur?

    que   what
    désirer   to desire

   M. DAY

Je voudrais une   I'd like a room with bath.
chambre avec
salle de bains.

    vouloir   to want
    (je voudrais)   (I would like)
    chambre (f)   bedroom
    salle de bains (f)   bathroom

   LE GERANT

Vous êtes seul?   You're alone?

    seul   alone

   M. DAY

Oui, pour quelques jours.   Yes, for a few days.

    pour   for
    quelques   a few
    jour (m)   day

   LE GERANT

Eh bien!   Well then, we have a nice room on the
Nous avons une   second floor. (The French do not include
jolie chambre au   the ground floor when numbering floors.)
premier étage.

    Eh bien!   in that case
    avoir (nous avons)   to have (we have)
    jolie   pretty
    premier   first

étage (m)   floor

M. DAY

Voulez-vous me   Will you show it to me?
la montrer?

   me   me, to me
   la   it
   montrer   to show

LE GERANT

La femme de chambre   The chambermaid will take you there.
va vous y conduire.

   femme de chambre (f)   chambermaid
   y   there
   conduire   to drive, to lead

(Ils montent)   (They go upstairs)

   monter   to go up, to take up

LA FEMME DE CHAMBRE

Voici la chambre,   Here's the room, Sir.
Monsieur.

M. DAY

Je vous remercie,   Thank you. It suits me just fine.
elle me convient
tout à fait.

   remercier   to thank
   convenir (elle convient)   to suit (it suits)
   tout à fait   completely

LA FEMME DE CHAMBRE

Je vais faire   I'll have your luggage brought up.
apporter
vos bagages.

   aller (je vais)   to go (I am going)
   apporter (faire apporter)   to bring (to have brought)
   bagages (m.pl)   luggage

M. DAY

C'est ça,   Fine, and wake me tomorrow at seven.
et réveillez-moi
demain
à sept heures.

   ça   that

réveiller	to wake
demain	tomorrow
sept	seven

(Quelques jours plus tard) (A few days later)

plus	more
tard	late

LE GERANT

Vous désirez
quelque chose,
Monsieur?

Did you wish something, Sir?

quelque chose something

M. DAY

Oui, je voudrais
changer de chambre.

Yes, I'd like to change rooms.

changer (de) to change

LE GERANT

Vous n'êtes
pas satisfait?

You're not satisfied?

satisfait satisfied

M. DAY

Si, mais
ma famille arrive
ce soir.

Yes, but my family arrives this evening.

si	yes (affirmative answer to a negative question)
mais	but
famille (f)	family
arriver	to arrive
ce	this, that
soir (m)	evening

LE GERANT

Ah! Je vois.

Oh, I see.

voir to see

M. DAY

Avez-vous
des chambres
communicantes?

Do you have any connecting rooms?

communicantes connecting

LE GERANT

Oui, nous en avons plusieurs de libres aujourd'hui.	Yes, we have several vacant today.

en	of them
avoir (nous avons)	to have (we have)
plusieurs	several
libre	vacant, free
aujourd'hui	today

M. DAY

C'est parfait.	That's fine.

c'est	it is
parfait	perfect

LE GERANT

Voulez-vous remplir ces fiches?	Would you fill out these forms?

remplir	to fill
ces	these, those
fiche (f)	form

M. DAY

Oui, je vais les remplir tout de suite.	Yes, I'll fill them out right away.

les	them
tout de suite	right away

Avez-vous la monnaie de cent francs?	Do you have change for one hundred francs?

monnaie (f)	change, currency
cent	one hundred (hundred)
francs (m)	francs

LE GERANT

Voici, Monsieur.	Here you are, Sir.

M. DAY

Merci beaucoup.	Thank you very much.

beaucoup	much

LE GERANT

Je vous en prie.	You're welcome.
prier	to pray

USEFUL WORDS

1.	Il est une heure.	It's one o'clock.
2.	Il est deux heures.	It's two o'clock.
3.	Il est trois heures.	It's three o'clock.
4.	Il est quatre heures.	It's four o'clock.
5.	Il est cinq heures.	It's five o'clock
6.	Il est six heures.	It's six o'clock.
7.	Il est sept heures.	It's seven o'clock.
8.	Il est huit heures.	It's eight o'clock.
9.	Il est neuf heures.	It's nine o'clock.
10.	Il est dix heures.	It's ten o'clock.
11.	Il est onze heures.	It's eleven o'clock.
12.	Il est midi.	It's noon.
13.	Il est minuit.	It's midnight.

1.	Ma famille arrive à trois heures.	My family arrives at three o'clock.
2.	Ma famille arrive à trois heures et quart.	My family arrives at a quarter past three.
3.	Ma famille arrive à trois heures et demie.	My family arrives at half past three.
4.	Ma famille arrive à quatre heures moins le quart.	My family arrives at a quarter to four.
5.	Ma famille arrive à quatre heures.	My family arrives at four o'clock.

1.	Il est une heure.	It's one o'clock.
2.	Il est une heure cinq.	It's five past one.
3.	Il est une heure dix.	It's ten past one.
4.	Il est une heure et quart.	It's a quarter past one.
5.	Il est une heure vingt.	It's twenty past one.
6.	Il est une heure vingt cinq.	It's twenty-five past one.
7.	Il est une heure et demie.	It's half past one.
8.	Il est deux heures moins vingt-cinq.	It's twenty-five to two.
9.	Il est deux heures moins vingt.	It's twenty to two.
10.	Il est deux heures moins le quart.	It's a quarter to two.
11.	Il est deux heures moins dix.	It's ten to two.
12.	Il est deux heures moins cinq.	It's five to two.
13.	Il est deux heures.	It's two o'clock.

1.	Combien font deux et deux?	How much is two and two?
2.	Combien font trois et trois?	How much is three and three?
3.	Combien font un et un?	How much is one and one?
4.	Combien font dix et dix?	How much is ten and ten?
5.	Combien font cinq et cinq?	How much is five and five?

6. Combien font <u>quatre et quatre</u>?   How much is four and four?
7. Combien font <u>huit et huit</u>?   How much is eight and eight?
8. Combien font <u>neuf et neuf</u>?   How much is nine and nine?

Vocabulary Awareness (not recorded)

a small hotel	un petit hôtel
the hotel	l'hôtel
a small restaurant	un petit restaurant
the restaurant	le restaurant
a small cafe	un petit café
the Café de Paris	le Café de Paris
the coffee	le café
small	petit
tomorrow	demain
today	aujourd'hui
tonight, this evening	ce soir
tomorrow night	demain soir
now	maintenant
when	quand
tell me when	dites-moi quand
why	pourquoi
tell me why	dites-moi pourquoi
right away	tout de suite
quite, completely	tout à fait
the change	la monnaie
the bathroom	la salle de bain
the bath	le bain
the first floor	le premier étage
the floor	l'étage
the first day	le premier jour
the day	le jour
first	premier
but	mais
if you please	s'il vous plaît
if	si
to take you there	vous y conduire
there	y
how much, how many	combien
how	comment
several	plusieurs
many	beaucoup
very	très
alone	seul
all together	tous ensemble
together	ensemble
with them	avec eux
with whom	avec qui
with me	avec moi

Lexical Drills

Lexical A-1

1. La femme de chambre va vous y conduire.
2. Mademoiselle Courtois va vous y conduire.
3. Mon ami va vous y conduire.
4. Ma femme va vous y conduire.
5. Elle va vous y conduire.
6. Mon fils va vous y conduire.
7. Il va vous y conduire.
8. Le gérant va vous y conduire.
9. Janine va vous y conduire.
10. La femme de chambre va vous y conduire.

Lexical A-2

1. Que désirez-vous, Monsieur?
2. Où allez-vous, Monsieur?
3. Que voulez-vous, Monsieur?
4. Où êtes-vous, Monsieur?
5. Où sommes-nous, Monsieur?
6. Qu'avez-vous, Monsieur?
7. Que dites-vous, Monsieur?
8. Que répondez-vous, Monsieur?
9. Que dit-on, Monsieur?
10. Que désirez-vous, Monsieur?

Lexical A-3

1. Vous n'êtes pas satisfait?
2. Vous n'êtes pas heureux?
3. Vous n'êtes pas en retard?
4. Vous n'êtes pas seul?
5. Vous n'êtes pas avec eux?
6. Vous n'êtes pas pressé?
7. Vous n'êtes pas libre?
8. Vous n'êtes pas au restaurant?
9. Vous n'êtes pas en vacances?
10. Vous n'êtes pas français?
11. Vous n'êtes pas satisfait?

Lexical A-4

1. Voici la chambre, Monsieur.
2. Voici le livre, Monsieur.
3. Voici le restaurant, Monsieur.
4. Voici la femme de chambre, Monsieur.
5. Voici les bagages, Monsieur.
6. Voici le café, Monsieur.
7. Voici la salle de bains, Monsieur.
8. Voici le gérant, Monsieur.
9. Voici la monnaie, Monsieur.
10. Voici la chambre, Monsieur.

Lexical A-5

1. Nous avons une jolie chambre au premier étage.
2. Je voudrais une jolie chambre au premier étage.
3. Voici une jolie chambre au premier étage.
4. C'est une jolie chambre au premier étage.
5. Vous avez une jolie chambre au premier étage.
6. Vous voulez une jolie chambre au premier étage.
7. Il voudrait une jolie chambre au premier étage.
8. Nous avons une jolie chambre au premier étage.

Lexical A-6

1. Je vais les remplir tout de suite.
2. Je vais les remplir maintenant.
3. Je vais les remplir ce soir.
4. Je vais les remplir aujourd'hui.
5. Je vais les remplir demain soir.
6. Je vais les remplir à midi.
7. Je vais les remplir à huit heures.
8. Je vais les remplir tout de suite.

Lexical A-7

1. Vous êtes seul?
2. Vous êtes pressé?
3. Vous êtes heureux?
4. Vous êtes français?
5. Vous êtes en retard?
6. Vous êtes libre?
7. Vous êtes satisfait?
8. Vous êtes en vacances?
9. Vous êtes près d'ici?
10. Vous êtes à Paris?
11. Vous êtes seul?

Lexical A-8

1. Elle me convient tout à fait.
2. Il me convient tout à fait.
3. Le café me convient tout à fait.
4. Le restaurant me convient tout à fait.
5. L'hôtel me convient tout à fait.
6. La chambre me convient tout à fait.
7. La salle de bains me convient tout à fait.
8. Paris me convient tout à fait.
9. Elle me convient tout à fait.

Lexical A-9

1. C'est parfait.
2. C'est bon.
3. C'est joli.
4. C'est Paris.
5. C'est la salle de bains.
6. C'est moi.
7. C'est pour demain.
8. C'est pour ce soir.
9. C'est pour plus tard.
10. C'est parfait.

Lexical A-10

1. Je vais les remplir tout de suite.
2. Nous allons les remplir tout de suite.
3. Elle va les remplir tout de suite.
4. Je voudrais les remplir tout de suite.
5. J'espère les remplir tout de suite.
6. Ils montent les remplir tout de suite.
7. Je monte les remplir tout de suite.
8. Il va les remplir tout de suite.
9. Elle monte les remplir tout de suite.
10. Vous allez les remplir tout de suite.
11. Je vais les remplir tout de suite.

Lexical A-11

1. Voulez-vous me la montrer?
2. Allez-vous me la montrer?
3. Va-t-il me la montrer?
4. Va-t-elle me la montrer?
5. Voulez-vous me la montrer?

Lexical A-12

1. Que désirez-vous, Monsieur?
2. Que voulez-vous, Monsieur?
3. Que voulez-vous, Mademoiselle?
4. Que dites-vous, Mademoiselle?
5. Que dites-vous, Madame?
6. Où allez-vous, Madame?
7. Où allez-vous, Monsieur?
8. Que désirez-vous, Monsieur?

*Lexical B-1

1. Vous êtes seul.
2. Ils sont seuls.
3. Ils sont pressés.
4. Elle est pressée.
5. Elle est en retard.
6. Nous sommes en retard.
7. Nous sommes ensemble.
8. Elles sont ensemble.
9. Elles sont seules
10. Vous êtes seul.

*Lexical B-2

1. Je voudrais une chambre avec salle de bains.
2. Je voudrais deux chambres communicantes.
3. Nous avons deux chambres communicantes.
4. Nous avons la monnaie de cent francs.
5. Il a la monnaie de cent francs.
6. Il a les bagages.
7. Je voudrais les bagages.
8. Je voudrais une chambre avec salle de bains.

*Lexical B-3

1. Sont-ils toujour(s) en vacances?
2. Est-elle toujour(s) en vacances?
3. Est-elle toujour(s) en retard?
4. Sont-elles toujour(s) en retard?
5. Sont-elles toujour(s) ensemble?
6. Sont-ils toujour(s) ensemble?
7. Sont-ils toujour(s) avec eux?
8. Est-il toujour(s) avec eux?
9. Est-il toujour(s) en vacances?
10. Sont-ils toujour(s) en vacances?

*Lexical B-4

1. Voulez-vous me la montrer?
2. Allez-vous me la montrer?
3. Allez-vous me la présenter?
4. Désirez-vous me la présenter?
5. Désirez-vous me la répéter?
6. Voulez-vous me la répéter?
7. Voulez-vous me la dire?
8. Allez-vous me la dire?
9. Allez-vous me la montrer?
10. Voulez-vous me la montrer?

*Lexical B-5

1. Voulez-vous changer de chambre?
2. Allez-vous changer de chambre?
3. Allez-vous remplir les fiches?
4. Allons-nous remplir les fiches?

5. Allons-nous <u>apporter les bagages?</u>
6. <u>Va-t-il</u> apporter les bagages?
7. <u>Va-t-il</u> <u>déjeuner plus tard?</u>
8. <u>Désirez-vous</u> déjeuner plus tard?
9. <u>Désirez-vous</u> <u>changer de chambre?</u>
10. <u>Voulez-vous</u> changer de chambre?

*Lexical B-6

1. Je voudrais changer de chambre.
2. <u>Nous allons</u> changer de chambre.
3. <u>Nous allons</u> <u>changer d'hôtel.</u>
4. <u>Elle voudrait</u> changer d'hôtel.
5. <u>Elle voudrait</u> <u>changer d'étage.</u>
6. <u>On va</u> changer d'étage.
7. <u>On va</u> <u>changer de classe.</u>
8. <u>Vous allez</u> changer de classe.
9. <u>Vous allez</u> <u>changer de livre.</u>
10. <u>J'espère</u> changer de livre.
11. <u>J'espère</u> <u>changer de chambre.</u>
12. Je voudrais changer de chambre.

*Lexical B-7

1. Ma famille arrive ce soir.
2. Ma famille arrive <u>demain.</u>
3. <u>Le gérant arrive</u> demain.
4. <u>Le gérant arrive</u> <u>à midi.</u>
5. <u>Janine arrive</u> à midi.
6. <u>Janine arrive</u> <u>plus tard.</u>
7. <u>Ma soeur arrive</u> plus tard.
8. <u>Ma soeur arrive</u> <u>aujourd'hui.</u>
9. <u>Les bagages arrivent</u> aujourd'hui.
10. <u>Les bagages arrivent</u> <u>ce soir.</u>
11. <u>Ma famille arrive</u> ce soir.

*Lexical B-8

1. Vous désirez quelque chose, Monsieur?
2. Vous voulez quelque chose, Monsieur?
3. <u>Vous voulez</u> <u>une chambre,</u> Monsieur?
4. Vous voulez <u>une chambre,</u> <u>Madame?</u>
5. <u>Vous avez</u> une chambre, Madame?
6. <u>Vous avez</u> <u>vos bagages,</u> Madame?
7. Vous avez <u>vos bagages,</u> <u>Mademoiselle?</u>
8. <u>Vous voulez</u> vos bagages, Mademoiselle?
9. <u>Vous voulez</u> <u>quelque chose,</u> Mademoiselle?
10. Vous voulez quelque chose, <u>Monsieur?</u>
11. <u>Vous désirez</u> quelque chose, Monsieur?

Questions on the Dialogue

1. Où est M. Day?
M. Day est dans un petit hôtel.
2. Que voudrait-il?
Il voudrait une chambre avec salle de bains.

3. Est-il seul?
Oui, pour quelques jours.
4. A quel étage est la chambre?
La chambre est au premier étage.
5. Le gérant va-t-il conduire M. Day au premier étage?
Non, la femme de chambre va conduire M. Day au premier étage.
6. La chambre convient-elle à M. Day?
Oui, elle convient tout à fait à M. Day.
7. M. Day va-t-il monter les bagages?
Non, la femme de chambre va faire apporter les bagages.
8. A quelle heure la femme de chambre va-t-elle réveiller M. Day?
Elle va réveiller M. Day à 7 heures.

9. M. Day va-t-il changer de chambre tout de suite?	Non, il va changer de chambre quelques jours plus tard.
10. M. Day n'est-il pas satisfait?	Si, il est satisfait.
11. Quand la famille de M. Day arrive-t-elle?	La famille de M. Day arrive ce soir.
12. Le gérant a-t-il des chambres communicantes?	Oui, il a des chambres communicantes.
13. Sont-elles libres?	Oui, elles sont libres.
14. M. Day va-t-il remplir des fiches?	Oui, il va remplir des fiches.
15. Quand?	Tout de suite.
16. Le gérant a-t-il la monnaie de cent francs?	Oui, il a la monnaie de cent francs.

Grammar 1: Noun-Markers

Grammar Note

b. Indefinite articles un, une, des.

The French noun-marker that corresponds to English 'a' or 'an' has the following shapes:

Singular:

une occurs before feminine singular nouns:

une chambre	a bedroom
une amie	a friend
	(see L.1-Gr.1)

un occurs before masculine singular nouns:

un frère	a brother
un restaurant	a restaurant
un étage	a floor
un ami	a friend
	(see L.3-Gr.1)

Plural

As a rule, French nouns have to be preceded by a noun marker in the plural form as well as in the singular form.

des is the plural form for the indefinite article.

ils ont un enfant	they have a child
ils ont des enfants	they have children

(for practical purposes, des has been translated by some)

des restaurants	some restaurants
des chambres	some bedrooms

Noun-Markers Review

We have learned so far that:

Singular	A feminine noun beginning with a consonant can be preceded by <u>la</u> or <u>une</u>.

        la chambre   the bedroom
        une chambre   a bedroom

A masculine noun beginning with a consonant can be preceded by <u>le</u> or <u>un</u>.

        le livre   the book
        un livre   a book

Any noun beginning with a vowel can be preceded by <u>l'</u> or <u>un</u>/<u>une</u>.

        l'enfant   the child
        un enfant   a child
        l'heure   the hour

Plural   Nouns can be preceded by <u>les</u> or <u>des</u>.

        les chambres   the bedrooms
        des chambres   some bedrooms
        les amis   the friends
        des amis   some friends

Learning Drills

Learning 1

1. Avez-vous une fiche?
2. Avez-vous une chambre?
3. Avez-vous une soeur?
4. Avez-vous une fille?
5. Avez-vous une salle de bains?
6. Avez-vous une femme de chambre?
7. Avez-vous une classe?

Learning 2

1. Ils ont une fiche.
2. Ils ont des fiches.
3. Ils ont une soeur.
4. Ils ont des soeurs.
5. Ils ont une nouvelle.
6. Ils ont des nouvelles.
7. Ils ont une chambre.
8. Ils ont des chambres.
9. Ils ont une salle de bains.
10. Ils ont des salles de bains.

Learning 3

1. Ils ont un restaurant.
2. Ils ont un café.
3. Ils ont un livre.
4. Ils ont un jour.
5. Ils ont un frère.
6. Ils ont un fils.
7. Ils ont un soir.

1. Ils ont un étage. (not recorded)
2. Ils ont un hôtel.
3. Ils ont un ami.
4. Ils ont un enfant.

Learning 4

1. Ils ont un restaurant.
2. Ils ont des restaurants.
3. Ils ont un livre.
4. Ils ont des livres.
5. Ils ont un café.
6. Ils ont des cafés.
7. Ils ont un frère.
8. Ils ont des frères.
9. Ils ont un fils.
10. Ils ont des fils.

Learning 5

1. Voilà un hôtel très bien.
2. Voilà des hôtels très bien.
3. Voilà un enfant très bien.
4. Voilà des enfants très bien.
5. Voilà un ami très bien.
6. Voilà des amis très bien.
7. Voilà une amie très bien.
8. Voilà des amies très bien.

Learning 6

1. Avez-vous une fiche?
2. Avez-vous des fiches?
3. Avez-vous un ami?
4. Avez-vous des amis?
5. Avez-vous un livre?
6. Avez-vous des livres?
7. Avez-vous une amie?
8. Avez-vous des amies?
9. Avez-vous un enfant?
10. Avez-vous des enfants?
11. Avez-vous une question?
12. Avez-vous des questions?
13. Avez-vous une nouvelle?
14. Avez-vous des nouvelles?

Practice Drills

Practice A-1

Tutor   : Avez-vous des enfants?
Student: Oui, nous avons un enfant.

1. Avez-vous des livres?	Oui, nous avons un livre.
2. Avez-vous des frères?	Oui, nous avons un frère.
3. Avez-vous des fiches?	Oui, nous avons une fiche.
4. Avez-vous des soeurs?	Oui, nous avons une soeur.
5. Avez-vous des questions?	Oui, nous avons une question.
6. Avez-vous des chambres?	Oui, nous avons une chambre.
7. Avez-vous des enfants?	Oui, nous avons un enfant.

Practice A-2

Tutor   : Avez-vous plusieurs frères?
Student: Non, j'ai un frère.

1. Avez-vous plusieurs soeurs?	Non, j'ai une soeur.
2. Avez-vous plusieurs fiches?	Non, j'ai une fiche.
3. Avez-vous plusieurs jours?	Non, j'ai un jour.
4. Avez-vous plusieurs questions?	Non, j'ai une question.
5. Avez-vous plusieurs chambres?	Non, j'ai une chambre.
6. Avez-vous plusieurs salles de bains?	Non, j'ai une salle de bains.
7. Avez-vous plusieurs étages?	Non, j'ai un étage.

Practice A-3

(use des only when necessary)

1. Ils ont un frère.
2. Ils ont une soeur.
3. Ils ont une fiche.
4. Ils ont des bagages.
5. Ils ont une fille.
6. Ils ont un fils.
7. Ils ont une chambre.

8. Ils ont un café.
9. Ils ont un restaurant.
10. Ils ont des vacances.
11. Ils ont un livre.
12. Ils ont un hôtel.

Practice A-4

Tutor : Voilà les bagages.   Tutor : Voilà le café.
Student: Voilà des bagages.   Student: Voilà un café.

1. Voilà l'hôtel.   Voilà un hôtel.
2. Voilà le livre.   Voilà un livre.
3. Voilà les livres.   Voilà des livres.
4. Voilà la classe.   Voilà une classe.
5. Voilà la question.   Voilà une question.
6. Voilà la chambre.   Voilà une chambre.
7. Voilà le café.   Voilà un café.
8. Voilà la fiche.   Voilà une fiche.
9. Voilà le restaurant.   Voilà un restaurant.

Practice A-5

Tutor : Voilà votre salle de bains. Tutor : Voilà vos bagages.
Student: Voilà une salle de bains.   Student: Voilà des bagages.

1. Voilà votre chambre.   Voilà une chambre.
2. Voilà vos bagages.   Voilà des bagages.
3. Voilà votre café.   Voilà un café.
4. Voilà votre fiche.   Voilà une fiche.
5. Voilà vos livres.   Voilà des livres.
6. Voilà votre porte.   Voilà une porte.
7. Voilà vos fiches.   Voilà des fiches.
8. Voilà votre livre.   Voilà un livre.
9. Voilà votre classe.   Voilà une classe.
10. Voilà votre restaurant.   Voilà un restaurant.

Grammar 2: Noun-Markers

Grammar Note

c. Cardinal Numbers

Il est une heure.
Réveillez-moi à sept heures.
Combien font deux et deux?

Some cardinal number noun-markers are pronounced in a different way according to what follows.

1.	un, une	6.	six	11.	onze	16.	seize
2.	deux	7.	sept	12.	douze	17.	dix-sept
3.	trois	8.	huit	13.	treize	18.	dix-huit
4.	quatre	9.	neuf	14.	quatorze	19.	dix-neuf
5.	cinq	10.	dix	15.	quinze		

It may be noted that un/une is the only number which carries an indication of gender.

Learning Drills

Learning 1

1. Elle a dix ans.
2. Elle a six ans.
3. Elle a trois ans.
4. Elle a deux ans.
5. Elle a treize ans.
6. Elle a quatorze ans.
7. Elle a seize ans.
8. Elle a quinze ans.

Learning 2

1. Il y a dix livres.
2. Il y a six livres.
3. Il y a trois livres.
4. Il y a deux livres.
5. Il y a dix livres.
6. Il y a six livres.
7. Il y a trois livres.
8. Il y a deux livres.

Learning 3

1. Il a onze ans.
2. Il a onze fiches.
3. Il a douze ans.
4. Il a douze fiches.
5. Il a treize ans.
6. Il a treize fiches.
7. Il a quatorze ans.
8. Il a quatorze fiches.
9. Il a quinze ans.
10. Il a quinze fiches.
11. Il a seize ans.
12. Il a seize fiches.

Learning 4

1. Il a quatre ans.
2. Il a cinq ans.
3. Il a sept ans.
4. Il a huit ans.
5. Il a neuf ans.
6. Il a dix-sept ans.
7. Il a dix-huit ans.
8. Il a dix-neuf ans.

Learning 5

1. Ils ont cinq livres.
2. Ils ont dix livres.
3. Ils ont huit livres.
4. Ils ont un livre.
5. Ils ont deux livres.
6. Ils ont six livres.

Learning 6

1. Il a neuf ans.
2. Il a neuf francs.
3. Il a neuf livres.
4. Il a sept ans.
5. Il a sept francs.
6. Il a un an.
7. Il a un franc.
8. Il a dix-sept ans.
9. Il a dix-sept francs.

Practice Drills

Practice A-1

1. Il a neuf ans.
2. Il a neuf francs.
3. Il a neuf amis.
4. Il a neuf livres.
5. Il a neuf étages.
6. Il a neuf chambres.
7. Il a neuf ans.

Practice A-2

1. Il a cinq ans.
2. Il a cinq francs.
3. Il a cinq amis.
4. Il a cinq fiches.
5. Il a cinq soeurs.
6. Il a cinq étages.
7. Il a cinq livres.

Practice A-3

1. Il a dix ans.
2. Il a dix francs.
3. Il a dix étages.
4. Il a dix livres.
5. Il a dix hôtels.
6. Il a dix francs.
7. Il a dix enfants.

Practice A-4

Tutor : Est-il huit heures?
Student: Non, il est neuf heures.

Tutor : Y a-t-il cinq fiches?
Student: Non, il y a six fiches.

1. Est-il dix heures?
2. Avez-vous neuf fiches?
3. Avez-vous sept fiches?
4. Est-il sept heures?
5. Est-il une heure?
6. Déjeune-t-il à midi?
7. Avez-vous quatre livres?
8. Y a-t-il six livres?
9. Avez-vous sept francs?
10. Votre fille a-t-elle huit enfants?
11. C'est la chambre quatre?

Non, il est onze heures.
Non, j'ai dix fiches.
Non, j'ai huit fiches.
Non, il est huit heures.
Non, il est deux heures.
Non, il déjeune à une heure.
Non, j'ai cinq livres.
Non, il y a sept livres.
Non, j'ai huit francs.
Non, elle a neuf enfants.

Non, c'est la chambre cinq.

Practice A-5

Tutor : Je déjeune à midi. Et vous?
Student: Je déjeune à une heure.

1. J'ai la chambre neuf. Et vous?   J'ai la chambre dix.
2. J'ai quatre soeurs. Et vous?   J'ai cinq soeurs.
3. J'ai dix-huit ans. Et vous?   J'ai dix-neuf ans.
4. J'arrive à six heures. Et vous? J'arrive à sept heures.
5. J'ai huit heures. Et vous?   J'ai neuf heures.
6. J'arrive à dix heures. Et vous? J'arrive à onze heures.
7. J'ai deux fiches. Et vous?   J'ai trois fiches.
8. J'ai la chambre six. Et vous?   J'ai la chambre sept.
9. J'ai six francs. Et vous?   J'ai sept francs.
10. J'ai cinq francs. Et vous?   J'ai six francs.

Grammar 3: Negative Adverb: ne ... pas

Grammar Note

Je n'y manquerai pas.
Je ne vous entends pas.

A verb is negated by the presence of ne before it and pas after it:

Lisez.   Read.
Ne lisez pas.   Do not read.

Before a vowel, <u>n'</u> must occur instead of <u>ne</u>:

Vous êtes satisfait?	You're satisfied?
Vous n'êtes pas satisfait?	You're not satisfied?

(see L.1,4,5,6-Gr.3)

When verb and subject pronoun are inverted, they are considered as an indivisible unit:

Est-il?	Is he?
N'est-il pas?	Isn't he?
Sont-elles?	Are they?
Ne sont-elles pas?	Aren't they?

Here is the verb 'être' in its negative forms:

Je ne suis pas.	I am not.
Il n'est pas. (elle, on)	He is not. (she, one)
Ils ne sont pas. (elles)	They are not.
Nous ne sommes pas.	We are not.
Vous n'êtes pas.	You are not.

<u>Inverted</u>

Ne suis-je pas?	Am I not?
N'est-il pas? (elle, on)	Is he not? (she, one)
Ne sont-ils pas? (elles)	Are they not?
Ne sommes-nous pas?	Are we not?
N'êtes-vous pas?	Are you not?

Learning Drills

Learning 1

1. Elle n'est pas à l'hôtel.
2. Nous n'allons pas à l'hôtel.
3. Il n'est pas à l'hôtel.
4. Il n'arrive pas à l'hôtel.
5. Vous n'allez pas à l'hôtel.
6. Mon frère n'est pas à l'hôtel.
7. Vous n'êtes pas à l'hôtel.
8. Nous n'allons pas à l'hôtel.
9. Les bagages n'arrivent pas à l'hôtel.
10. Elle n'est pas à l'hôtel.

Learning 2

1. Je ne vais pas bien.
2. Je ne comprends pas bien.
3. Vous ne parlez pas bien.
4. Vous ne répétez pas bien.
5. Je ne vois pas bien.
6. Je ne vais pas bien.

Learning 3

1. Il ne comprend pas bien.
2. Elle ne va pas bien.
3. Elle ne voit pas bien.
4. Il ne va pas bien.
5. Il ne voit pas bien.
6. Elle ne comprend pas bien.
7. Il ne voit pas bien.

Learning 4

1. Nous n'allons pas bien.
2. Vous n'écoutez pas bien.
3. Je n'entends pas bien.
4. Vous n'allez pas bien.
5. Elle n'entend pas bien.
6. Nous n'allons pas bien.
7. Il n'entend pas bien.
8. Nous n'allons pas bien.

Learning 5

1. Ce n'est pas mon frère.
2. Ce n'est pas mon père.
3. Ce n'est pas ma soeur.
4. Ce n'est pas ma fiche.
5. Ce n'est pas ma chambre.
6. Ce n'est pas mon hôtel.
7. Ce n'est pas mon café.

Learning 6

1. Ce n'est pas pressé.
2. Ce n'est pas anglais.
3. Ce n'est pas français.
4. Ce n'est pas bon.
5. Ce n'est pas libre.
6. Ce n'est pas joli.
7. Ce n'est pas parfait.
8. Ce n'est pas très bien.
9. Ce n'est pas très fort.

Practice Drills

Practice A-1

1. Je ne vais pas déjeuner.
2. Nous n'allons pas déjeuner.
3. Mlle Courtois ne va pas déjeuner.
4. Vous n'allez pas déjeuner.
5. M. Lelong ne va pas déjeuner.
6. Nous n'allons pas déjeuner.
7. Je ne vais pas déjeuner.

Practice A-2

1. Vous ne déjeunez pas.
2. Vous n'écoutez pas.
3. Vous ne parlez pas.
4. Vous ne changez pas.
5. Vous ne traduisez pas.
6. Vous n'écoutez pas.
7. Vous ne répondez pas.
8. Vous n'ouvrez pas.
9. Vous ne déjeunez pas.

Practice A-3

Tutor   : Elle arrive à deux heures?
Student: Non, elle n'arrive pas à deux heures.

1. Il arrive aujourd'hui?
2. Il entend bien?
3. Elle arrive ce soir?
4. Elle est en vacances?
5. Il est à l'hôtel?
6. Elle entend bien?
7. Il a la monnaie?
8. Il est ici?
9. Elle a les bagages?

Non, il n'arrive pas aujourd'hui.
Non, il n'entend pas bien.
Non, elle n'arrive pas ce soir.
Non, elle n'est pas en vacances.
Non, il n'est pas à l'hôtel.
Non, elle n'entend pas bien.
Non, il n'a pas la monnaie.
Non, il n'est pas ici.
Non, elle n'a pas les bagages.

Practice A-4

Tutor   : Il monte?
Student: Non, il ne monte pas.

1. Elle comprend?
2. Il sait?
3. Elle monte?
4. Elle voit?
5. Il change?
6. Il commence?
7. Il comprend?
8. Il voit?
9. Elle commence?

Non, elle ne comprend pas.
Non, il ne sait pas.
Non, elle ne monte pas.
Non, elle ne voit pas.
Non, il ne change pas.
Non, il ne commence pas.
Non, il ne comprend pas.
Non, il ne voit pas.
Non, elle ne commence pas.

Practice A-5

Tutor : Vos amis sont-ils heureux?
Student: Non, ils ne sont pas heureux.

1. Arrive-t-elle en retard?   Non, elle n'arrive pas en retard.
2. Est-il en retard?   Non, il n'est pas en retard.
3. Etes-vous pressé?   Non, je ne suis pas pressé.
4. Va-t-il au restaurant?   Non, il ne va pas au restaurant.
5. A-t-elle la chambre 12?   Non, elle n'a pas la chambre 12.
6. La classe commence-t-elle à 8h?   Non, elle ne commence pas à 8 heures.
7. Votre fille est-elle pressée?   Non, elle n'est pas pressée.
8. M. Durand est-il avec eux?   Non, il n'est pas avec eux.
9. Change-t-elle à Paris?   Non, elle ne change pas à Paris.
10. Va-t-elle en vacances?   Non, elle ne va pas en vacances.
11. Allez-vous au café?   Non, je ne vais pas au café.
12. Comprend-elle le français?   Non, elle ne comprend pas le français.
13. Le gérant est-il au premier   Non, il n'est pas au premier étage.
    étage?
14. Les bagages sont-ils à l'hôtel?   Non, ils ne sont pas à l'hôtel.
15. Etes-vous pressé?   Non, je ne suis pas pressé.
16. Les Durand sont-ils satisfaits?   Non, ils ne sont pas satisfaits.
17. Janine sait-elle la leçon?   Non, elle ne sait pas la leçon.
18. Les chambres sont-elles   Non, elles ne sont pas communicantes.
    communicantes?

Practice A-6

Tutor : C'est mon frère?
Student: Non, ce n'est pas votre frère.

1. C'est mon père?   Non, ce n'est pas votre père.
2. C'est ma soeur?   Non, ce n'est pas votre soeur.
3. C'est ma fiche?   Non, ce n'est pas votre fiche.
4. C'est ma chambre?   Non, ce n'est pas votre chambre.
5. C'est mon hôtel?   Non, ce n'est pas votre hôtel.
6. C'est mon ami?   Non, ce n'est pas votre ami.
7. C'est mon café?   Non, ce n'est pas votre café.

Practice A-7

Tutor : C'est pressé?
Student: Non, ce n'est pas pressé.

1. C'est anglais?   Non, ce n'est pas anglais.
2. C'est français?   Non, ce n'est pas français.
3. C'est bon?   Non, ce n'est pas bon.
4. C'est libre?   Non, ce n'est pas libre.
5. C'est ici?   Non, ce n'est pas ici.
6. C'est parfait?   Non, ce n'est pas parfait.
7. C'est très bien?   Non, ce n'est pas très bien.
8. C'est fort?   Non, ce n'est pas fort.

Practice A-8

Tutor : Il est pressé?   Tutor : C'est pressé?
Student: Non, il n'est pas pressé.   Student: Non, ce n'est pas pressé.

1. Ils sont en vacances?   Non, ils ne sont pas en vacances.
2. Vous êtes pressé?   Non, je ne suis pas pressé.
3. C'est ici?   Non, ce n'est pas ici.
4. C'est le restaurant?   Non, ce n'est pas le restaurant.
5. Il est à Paris?   Non, il n'est pas à Paris.
6. La chambre est-elle jolie?   Non, elle n'est pas jolie.
7. C'est bon?   Non, ce n'est pas bon.
8. C'est au café?   Non, ce n'est pas au café.
9. C'est votre chambre?   Non, ce n'est pas ma chambre.
10. Votre ami est-il français?   Non, il n'est pas français.
11. Avez-vous les livres?   Non, je n'ai pas les livres.
12. Allez-vous en vacances?   Non, je ne vais pas en vacances.
13. C'est votre chambre?   Non, ce n'est pas ma chambre.
14. C'est mon café?   Non, ce n'est pas votre café.

Grammar 4: Verb avoir = to have

Grammar Note

Avez-vous des nouvelles?
Nous avons une jolie chambre au premier étage.

The second most frequently occurring verb in French is avoir 'to have'.
Its forms in the present are:

SP Verb		Verb SP	
j'ai	I have	ai-je?	have I?
il a (elle,on)	he has (she, one)	a-t-il? (elle,on)	has he? (she,one)
ils ont (elles)	they have	ont-ils (elles)	have they?
nous avons	we have	avons-nous?	have we?
vous avez	you have	avez-vous?	have you?

SP   ne   Verb   pas

je n'ai pas	I don't have
il n'a pas (elle, on)	he doesn't have (she, one)
ils n'ont pas (elles)	they don't have
nous n'avons pas	we don't have
vous n'avez pas	you don't have

ne   Verb   SP   pas

n'ai-je pas?	don't I have?
n'a-t-il pas? (elle, on)	doesn't he have? (she, one)
n'ont-ils pas? (elles)	don't they have?
n'avons-nous pas?	don't we have?
n'avez-vous pas?	don't you have?

Learning Drills

Learning 1

1. Nous avons la monnaie.
2. Ils ont la monnaie.
3. Il a la monnaie.
4. Elles ont la monnaie.
5. Elle a la monnaie.
6. On a la monnaie.
7. Vous avez la monnaie.
8. J'ai la monnaie.

Learning 2

1. Nous avons une jolie chambre au premier étage.
2. J'ai une jolie chambre au premier étage.
3. Il a une jolie chambre au premier étage.
4. Ils ont une jolie chambre au premier étage.
5. Vous avez une jolie chambre au premier étage.
6. Elle a une jolie chambre au premier étage.
7. Elles ont une jolie chambre au premier étage.
8. On a une jolie chambre au premier étage.

Learning 3

1. A-t-il des chambres communicantes?
2. Avez-vous des chambres communicantes?
3. A-t-elle des chambres communicantes?
4. Avons-nous des chambres communicantes?
5. Ont-ils des chambres communicantes?
6. A-t-on des chambres communicantes?
7. Ont-elles des chambres communicantes?

Learning 4

1. Il n'a pas les fiches.
2. Ils n'ont pas les fiches.
3. Elle n'a pas les fiches.
4. Elles n'ont pas les fiches.
5. Nous n'avons pas les fiches.
6. Je n'ai pas les fiches.
7. On n'a pas les fiches.
8. Vous n'avez pas les fiches.

Learning 5

1. Je n'ai pas la chambre six, j'ai la chambre dix.
2. Je n'ai pas la chambre huit, j'ai la chambre dix.
3. Je n'ai pas la chambre douze, j'ai la chambre dix.
4. Je n'ai pas la chambre cinq, j'ai la chambre dix.
5. Je n'ai pas la chambre neuf, j'ai la chambre dix.
6. Je n'ai pas la chambre quatre, j'ai la chambre dix.
7. Je n'ai pas la chambre sept, j'ai la chambre dix.

8. Je n'ai pas la chambre quatorze, j'ai la chambre dix.

Learning 6

1. Ils n'ont pas la chambre douze, ils ont la chambre dix.
2. Ils n'ont pas la chambre six, ils ont la chambre dix.
3. Ils n'ont pas la chambre huit, ils ont la chambre dix.
4. Ils n'ont pas la chambre douze, ils ont la chambre dix.
5. Ils n'ont pas la chambre cinq, ils ont la chambre dix.
6. Ils n'ont pas la chambre neuf, ils ont la chambre dix.
7. Ils n'ont pas la chambre quatre, ils ont la chambre dix.
8. Ils n'ont pas la chambre sept, ils ont la chambre dix.
9. Ils n'ont pas la chambre quatorze, ils ont la chambre dix.

Practice Drills

Practice   A-1

1. Ils sont à l'hôtel; ils ont la chambre douze.
2. Elle est à l'hôtel; elle a la chambre douze.
3. Il est à l'hôtel; il a la chambre douze.
4. Elles sont à l'hôtel; elles ont la chambre douze.
5. Janine est à l'hôtel; elle a la chambre douze.
6. Mes parents sont à l'hôtel; ils ont la chambre douze.
7. Mes filles sont à l'hôtel; elles ont la chambre douze.
8. Ils sont à l'hôtel; ils ont la chambre douze.
9. Elle est à l'hôtel; elle a la chambre douze.
10. Mon frère est à l'hôtel; il a la chambre douze.

Practice A-2

1. Ils n'ont pas la chambre treize, ils ont la chambre quatorze.
2. Elle n'a pas la chambre treize, elle a la chambre quatorze.
3. Janine n'a pas la chambre treize, elle a la chambre quatorze.
4. Vos parents n'ont pas la chambre treize, ils ont la chambre quatorze.
5. On n'a pas la chambre treize, on a la chambre quatorze.
6. Votre frère n'a pas la chambre treize, il a la chambre quatorze.
7. Ma soeur n'a pas la chambre treize, elle a la chambre quatorze.
8. Vos soeurs n'ont pas la chambre treize, elles ont la chambre quatorze.
9. Il n'a pas la chambre treize, il a la chambre quatorze.

Practice A-3

1. Il a les bagages, mais il n'a pas les fiches.
2. On a les bagages, mais on n'a pas les fiches.
3. J'ai les bagages, mais je n'ai pas les fiches.
4. Elles ont les bagages, mais elles n'ont pas les fiches.
5. Vous avez les bagages, mais vous n'avez pas les fiches.
6. Elle a les bagages, mais elle n'a pas les fiches.
7. Ils ont les bagages, mais ils n'ont pas les fiches.
8. On a les bagages, mais on n'a pas les fiches.

Practice A-4

1. Je suis à l'hôtel; j'ai la chambre douze.
2. Elle est à l'hôtel; elle a la chambre douze.
3. Nous sommes à l'hôtel; nous avons la chambre douze.
4. On est à l'hôtel; on a la chambre douze.
5. Il est à l'hôtel; il a la chambre douze.
6. Elles sont à l'hôtel; elles ont la chambre douze.
7. Vos parents sont à l'hôtel; ils ont la chambre douze.
8. Je suis à l'hôtel; j'ai la chambre douze.

Practice A-5

Tutor   : Janine est ici.
Student: A-t-elle des nouvelles de Mlle Courtois?

1. M. Lelong est ici.   A-t-il des nouvelles de Mlle Courtois?
2. Mme Durand est ici.   A-t-elle des nouvelles de Mlle Courtois?
3. Mon frère est ici.   A-t-il des nouvelles de Mlle Courtois?
4. Le gérant est ici.   A-t-il des nouvelles de Mlle Courtois?
5. Ils sont ici.   Ont-ils des nouvelles de Mlle Courtois?
6. Elle est ici.   A-t-elle des nouvelles de Mlle Courtois?
7. Elles sont ici.   Ont-elles des nouvelles de Mlle Courtois?
8. Il est ici.   A-t-il des nouvelles de Mlle Courtois?

Practice A-6

Tutor   : Votre soeur a-t-elle des vacances?
Student: Oui, elle a des vacances.

1. Avez-vous des vacances?   Oui, j'ai des vacances.
2. Avez-vous une chambre?   Oui, j'ai une chambre.
3. Votre ami a-t-il les fiches?   Oui, il a les fiches.
4. Votre amie a-t-elle des   Oui, elle a des vacances.
   vacances?
5. Avez-vous un frère?   Oui, j'ai un frère.
6. Vos amis ont-ils des vacances?   Oui, ils ont des vacances.
7. Avez-vous le livre?   Oui, j'ai le livre.
8. Vos soeurs ont-elles des   Oui, elles ont des livres.
   livres?

Practice A-7

Tutor   : Janine est-elle pressée?
Student: Oui, elle est pressée.

1. Avez-vous la monnaie?   Oui, j'ai la monnaie.
2. Janine a-t-elle la chambre 12?   Oui, elle a la chambre 12.
3. Vos amis ont-ils les fiches?   Oui, ils ont les fiches.
4. Le gérant a-t-il la fiche?   Oui, il a la fiche.
5. Etes-vous au café?   Oui, je suis au café.
6. Votre famille est-elle à   Oui, elle est à l'hôtel.
   l'hôtel?
7. Avez-vous une chambre?   Oui, j'ai une chambre.
8. Les enfants sont-ils ici?   Oui, ils sont ici.

9. Les enfants ont-ils des   Oui, ils ont des chambres communicantes.
    chambres communicantes?
10. Janine a-t-elle des vacances?   Oui, elle a des vacances.

Practice A-8

Tutor   : Les enfants sont-ils pressés?
Student: Non, ils ne sont pas pressés.

1. Janine a-t-elle la chambre 14?   Non, elle n'a pas la chambre 14.
2. Janine est-elle au café?   Non, elle n'est pas au café.
3. Les enfants ont-ils les fiches?   Non, ils n'ont pas les fiches.
4. Avez-vous la monnaie?   Non, je n'ai pas la monnaie.
5. Vos filles ont-elles les livres? Non, elles n'ont pas les livres.
6. Vos amis sont-ils à Paris?   Non, ils ne sont pas à Paris.
7. Votre fils a-t-il le livre?   Non, il n'a pas le livre.
8. Votre amie a-t-elle les fiches?   Non, elle n'a pas les fiches.
9. Le restaurant est-il bon?   Non, il n'est pas bon.
10. Vos amis ont-ils la chambre 10?   Non, ils n'ont pas la chambre 10.

SITUATION I

Y. Quand votre femme arrive-t-elle?   M. X et M. Y se rencontrent dans la rue.
X. Elle arrive aujourd'hui.   M. X, répondant à M. Y, dit que sa femme
Y. Vos enfants sont-ils avec elle?   arrive aujourd'hui et que ses enfants
X. Non, ils sont toujours en   sont restés à Paris. Il ajoute qu'il a
    vacances à Paris.   une chambre à l'Hôtel de Lyon et qu'il
Y. Avez-vous une chambre à l'hôtel?   est pressé.
X. Oui, j'en ai une à l'hôtel de
    Lyon.   'meet'
Y. Ah! Il est près d'ici. C'est un   'replying'
    bon hôtel?   'his' (sa, ses)
X. Oui, très bon. Excusez-moi, je   'stayed'
    suis pressé.   'adds'

SITUATION II

B. Où allez-vous?   M. Robin va à l'hôtel. Il voudrait une
R. Je vais à l'hôtel.   chambre pour son fils. M. Blanc ne sait
B. Pourquoi allez-vous à l'hôtel   pas s'ils ont des chambres libres, mais
    maintenant?   M. Robin le sait. Il a demandé au gérant.
R. Je voudrais une chambre pour mon   M. Robin et M. Blanc vont déjeuner
    fils.   ensemble à une heure et demie.
B. Je ne sais pas s'ils ont des
    chambres libres.   'his'
R. Si, ils en ont. J'ai demandé   'asked'
    au gérant.   'are going'
B. Allons-nous déjeuner ensemble?
R. Oui, à une heure et demie si
    vous voulez.
B. Très bien.
                                                   End of tape 2.5

Question Drill

1. Allez-vous à l'hôtel ce soir?
2. Où est votre famille?
3. Combien de chambres avez-vous?
4. Déjeunez-vous avec votre famille à une heure?
5. Où déjeunez-vous?
6. A quelle heure commence la classe?
7. A quelle heure êtes-vous libre?
8. Avez-vous la monnaie de cent francs?
9. Avez-vous plusieurs soeurs?
10. Avez-vous plusieurs frères?
11. A quelle heure va-t-on déjeuner?
12. Allez-vous au restaurant?
13. Allez-vous changer de restaurant?
14. Pourquoi allez-vous changer de restaurant?

Response Drill

1. Demandez à ... s'il a des amis ici.
2. Dites que vous avez plusieurs amis.
3. Dites que vous avez un ami français.
4. Dites que votre ami est en vacances.
5. Demandez à ... s'il a une fiche.
6. Demandez à ... s'il va remplir la fiche.
7. Demandez à ... s'il est seul.
8. Demandez à ... s'il est à l'hôtel.
9. Demandez à ... s'il est libre le soir.
10. Dites que votre chambre est petite mais très jolie.
11. Dites qu'elle vous convient tout à fait.
12. Dites que votre famille n'est pas ici.
13. Demandez à ... où il va déjeuner.
14. Dites que la femme de chambre est très jolie.
15. Dites-moi comment vous vous appelez.
16. Dites que vous allez déjeuner à une heure et quart.
17. Demandez à ... comment il va.
18. Dites que vous allez dans votre chambre.
19. Dites que votre chambre est au premier étage.
20. Demandez à ... s'il a la chambre douze.
21. Dites que vous n'avez pas la monnaie de 20 francs.

Review Drills

Review 1

1. Nous avons une jolie chambre au premier étage.
2. Je voudrais une jolie chambre au premier étage.
3. Ils ont une jolie chambre au premier étage.
4. Voici une jolie chambre au premier étage.
5. Vous avez une jolie chambre au premier étage.
6. Il y a une jolie chambre au premier étage.
7. C'est une jolie chambre au premier étage.
8. Nous avons une jolie chambre au premier étage.

Review 2

1. Avez-vous la monnaie de cent francs?
2. A-t-il la monnaie de cent francs?
3. Ont-ils la monnaie de cent francs?
4. Voulez-vous la monnaie de cent francs?
5. A-t-elle la monnaie de cent francs?
6. Avons-nous la monnaie de cent francs?
7. Ont-elles la monnaie de cent francs?
8. Avez-vous la monnaie de cent francs?

Review 3

1. Nous en avons plusieurs de libres aujourd'hui.
2. Il en a plusieurs de libres aujourd'hui.
3. Ils en ont plusieurs de libres aujourd'hui.
4. Elle en a plusieurs de libres aujourd'hui.
5. Vous en avez plusieurs de libres aujourd'hui.
6. Nous en avons plusieurs de libres aujourd'hui.

Review 4

1. Il est à l'hôtel; il a une jolie chambre.
2. Elles sont à l'hôtel; elles ont une jolie chambre.
3. Nous sommes à l'hôtel; nous avons une jolie chambre.
4. Je suis à l'hôtel; j'ai une jolie chambre.
5. Elle est à l'hôtel; elle a une jolie chambre.
6. Ils sont à l'hôtel; ils ont une jolie chambre.
7. Vous êtes à l'hôtel; vous avez une jolie chambre.
8. Il est à l'hôtel; il a une jolie chambre.

Review 5

1. Je ne suis pas libre; j'ai plusieurs choses à faire.
2. Nous ne sommes pas libres; nous avons plusieurs choses à faire.
3. Ils ne sont pas libres; ils ont plusieurs choses à faire.
4. Elle n'est pas libre; elle a plusieurs choses à faire.
5. Vous n'êtes pas libre; vous avez plusieurs choses à faire.
6. Il n'est pas libre; il a plusieurs choses à faire.
7. Ils ne sont pas libres; ils ont plusieurs choses à faire.
8. Je ne suis pas libre; j'ai plusieurs choses à faire.

Review 6

Tutor   : Vous allez dans la chambre?
Student: Oui, je vais dans la chambre.

1. Vous avez une chambre?   Oui, j'ai une chambre.
2. Vous êtes dans la chambre douze? Oui, je suis dans la chambre douze.
3. Vous avez des bagages?   Oui, j'ai des bagages.
4. Vous allez à l'hôtel?   Oui, je vais à l'hôtel.
5. Vous êtes à l'hôtel?   Oui, je suis à l'hôtel.
6. Vous allez à Paris?   Oui, je vais à Paris.
7. Vous êtes au premier étage?   Oui, je suis au premier étage.
8. Vous avez des vacances?   Oui, j'ai des vacances.

9. Vous allez au restaurant?	Oui, je vais au restaurant.
10. Vous êtes au café?	Oui, je suis au café.
11. Vous avez des nouvelles?	Oui, j'ai des nouvelles.

Review 7

Tutor   : Pourquoi sont-ils à l'hôtel?
Student: Ils sont à l'hôtel parce qu'ils sont en vacances.

1. Pourquoi est-il à l'hôtel?	Il est à l'hôtel parce qu'il est en vacances.
2. Pourquoi suis-je à l'hôtel?	Vous êtes à l'hôtel parce que vous êtes en vacances.
3. Pourquoi est-elle à l'hôtel?	Elle est à l'hôtel parce qu'elle est en vacances.
4. Pourquoi sont-ils à l'hôtel?	Ils sont à l'hôtel parce qu'ils sont en vacances.
5. Pourquoi est-elle à l'hôtel?	Elle est à l'hôtel parce qu'elle est en vacances.
6. Pourquoi sont-elles à l'hôtel?	Elles sont à l'hôtel parce qu'elles sont en vacances.
7. Pourquoi suis-je à l'hôtel?	Vous êtes à l'hôtel parce que vous êtes en vacances.

Review 8

Tutor   : Vous êtes seul?
Student: Oui, je suis seul.

1. Vous êtes à Paris?	Oui, je suis à Paris.
2. Vous avez des vacances?	Oui, j'ai des vacances.
3. Vous êtes à l'hôtel?	Oui, je suis à l'hôtel.
4. L'hôtel est près d'ici?	Oui, il est près d'ici.
5. Y a-t-il plusieurs chambres?	Oui, il y a plusieurs chambres.
6. Les chambres sont-elles jolies?	Oui, elles sont jolies.
7. Avez-vous une jolie chambre?	Oui, j'ai une jolie chambre.

Review 9

1. Demandez à ... s'il a des vacances.
2. Demandez à ... s'il va en vacances.
3. Demandez à ... s'il est en vacances.
4. Demandez à ... s'il a la chambre dix.
5. Demandez à ... où il va en vacances.
6. Demandez à ... s'il y a des chambres de libres à l'hôtel.
7. Dites à ... que vous avez 5 jours de vacances.
8. Demandez-moi si j'ai des nouvelles de ma soeur.
9. Dites que vous voulez des chambres communicantes.
10. Dites que vous n'allez pas bien.
11. Demandez à ... s'il va au café ce soir.
12. Dites que vous n'allez pas au café.
13. Demandez à ... pourquoi il ferme le livre.
14. Demandez à ... quelle heure il est.

Written Exercises (not recorded)

Exercise 1

Traduisez les phrases suivantes:

1. Will you show me the room, please. _____
2. I'm going to fill out the forms
   later.   _____
3. Wake me up at 6:30 a.m. please. _____
4. My family is arriving tomorrow. _____
5. I would like to change rooms
   today.   _____
6. I see your luggage.   _____
7. Tell me why he is here.   _____
8. I would like change for one
   hundred francs.   _____
9. When are you going to the
   restaurant?   _____
10. Is it one o'clock now?   _____

Exercise 2

Traduisez en anglais.

1. J'espère qu'il va bien.   _____
2. Je sais où nous allons déjeuner. _____
3. M. Day est seul pour quelques
   jours.   _____
4. La chambre seize n'est pas au
   premier étage.   _____
5. Nous n'avons pas vos fiches.   _____
6. Ce soir, elle va au restaurant
   avec eux.   _____
7. Ne sont-ils pas en vacances?   _____
8. J'espère qu'il y a des chambres
   libres.   _____
9. N'avez-vous pas la monnaie de
   cent francs?   _____
10. Je ne voudrais pas arriver en
    retard au restaurant.   _____

Exercise 3

Replace the definite article with the indefinite article in the following
sentences.

Example: Voulez-vous remplir la fiche?
          Voulez-vous remplir une fiche?

1. Avez-vous les livres?   _____

2. Voilà le restaurant. _____

3. Dites la phrase en français. _____

4. Je voudrais les chambres
   communicantes. _____

5. La soeur de Mme Durand est ici. _____

6. Voules-vous la valise? _____

7. C'est le frère de Janine. _____

8. Je vais remplir les fiches. _____

9. Je voudrais le petit livre. _____

Unit 3   DIALOGUE

<u>A la gare</u>   <u>At the station</u>

    gare (f)   station

        After visiting the information desk to
        ask about the departure times for Lille,
        Mr. Santerre goes to buy his tickets.

    M. SANTERRE

Deux billets pour Lille,   Two tickets for Lille, first class,
première classe,   please.
s'il vous plaît.

    billet (m)   ticket
    première   first
    classe (f)   class

    L'EMPLOYE (I)   THE EMPLOYEE (m)

Aller et retour?   Round trip?

    un aller (m)   a one-way ticket
    retour (m)   return trip

    M. SANTERRE

Non,   No, two one-ways only.
deux allers seulement.

    seulement   only

    L'EMPLOYE (I)

Pour quelle date?   For what date?

    date (f)   date

    M. SANTERRE

Le six juillet.   July 6th.

    juillet   July

    L'EMPLOYE (I)

Bien, c'est   Fine, that's 42 francs.
quarante-deux francs.

    c'est   that is
    quarante   forty

    M. SANTERRE

Voilà, Monsieur.   Here you are, Sir. Where can I reserve
Où puis-je   my seats?
retenir mes places?

pouvoir (puis-je)	to be able to (may I, can I)
retenir	to reserve
place (f)	seat

L'EMPLOYE (I)

Au dernier guichet à gauche.	At the last window on the left.

dernier	last
guichet (m)	ticket window
gauche (f)	left

(A la location)	(At the reservation window)

M. SANTERRE

Je voudrais louer deux places pour Lille.	I'd like to reserve two seats for Lille.

louer	to rent, to reserve

L'EMPLOYEE

	THE EMPLOYEE (f)
Vos billets, s'il vous plaît.	Your tickets, please.

M. SANTERRE

Les voici.	Here they are.

L'EMPLOYEE

Par quel train partez-vous?	What train are you taking?

par	by, on
train (m)	train
partir (partez-vous)	to leave (do you leave)

M. SANTERRE

Par celui de dix-neuf heures trente.	The 7:30 p.m. train.

celui	the one
dix-neuf	nineteen
trente	thirty

L'EMPLOYEE

Je peux vous donner deux coins fenêtres.	I can give you two window seats.

pouvoir (je peux)	to be able to (I can, I may)
donner	to give

coins fenêtres (m)	window seat
coin (m)	corner
fenêtre (f)	window

M. SANTERRE

Dans un
compartiment
pour fumeurs?

In a smoking compartment?

compartiment (m)	compartment
fumeur (m)	one who smokes

L'EMPLOYEE

Oui, Monsieur.

Yes, Sir.

M. SANTERRE

C'est parfait.
Combien vous dois-je?

That's fine. How much do I owe you?

parfait	fine, perfect
combien	how much, how many
devoir (dois-je)	to owe (do I owe)
	to have to (must I)

L'EMPLOYEE

Un franc.

1 franc.

(A l'enregistrement)

(In the baggage checkroom)

M. SANTERRE

Je voudrais
faire enregistrer
mes bagages
pour Lille.

I'd like to have my bags checked through
to Lille.

enregistrer	to check (luggage)
faire enregistrer	to have checked
pour	for, through to

L'EMPLOYE (II)

C'est ici.
Combien de malles
avez-vous?

Right here. How many trunks do you have?

malle (f)	trunk

M. SANTERRE

Cette malle verte là-bas,
et la
valise à côté.

That green trunk over there and the
suitcase next to it.

cette	this
verte	green
là-bas	over there
valise (f)	suitcase
à côté	next to

L'EMPLOYE (II)

Vous pouvez les faire assurer en face.	You can have them insured over there.

pouvoir (vous pouvez)	can (you can)
assurer	to insure
faire assurer	to have insured
en face	in front of

M. SANTERRE

Non, ce n'est pas la peine.	No, It's not necessary.

ce n'est pas la peine	it's not worth the trouble.

DIALOGUE NOTES

French trains are divided into 'second class' (deuxième classe) and a more luxurious and more expensive 'first class' (première classe). Railroad time, military time and other scheduled times such as theater performances, meetings etc., are expressed in a 24 hour system.

13 heures	1 PM		19 heures	7 PM
14 heures	2 PM		20 heures	8 PM
15 heures	3 PM		21 heures	9 PM
16 heures	4 PM		22 heures	10 PM
17 heures	5 PM		23 heures	11 PM
18 heures	6 PM		24 heures	midnight

In the 24-hour system, portions of hours between '13 heures' and '24 heures' are always expressed in minutes and never in portions of the hour. For example:

10 heures et demie or 10 heures trente but only 22 heures trente
10 heures et quart   10 heures quinze   22 heures quinze

USEFUL WORDS

1.	Le train part à 13 heures.	The train leaves at 1 PM.
2.	Le train part à 14 heures.	The train leaves at 2 PM.
3.	Le train part à 15 heures.	The train leaves at 3 PM.
4.	Le train part à 16 heures.	The train leaves at 4 PM.
5.	Le train part à 17 heures.	The train leaves at 5 PM.
6.	Le train part à 18 heures.	The train leaves at 6 PM.
7.	Le train part à 19 heures.	The train leaves at 7 PM.
8.	Le train part à 20 heures.	The train leaves at 8 PM.
9.	Le train part à 21 heures.	The train leaves at 9 PM.

10.	Le train part à 22 heures.	The train leaves at 10 PM.
11.	Le train part à 23 heures.	The train leaves at 11 PM.
12.	Le train part à 24 heures.	The train leaves at midnight.

1.	Ils sont toujours en vacances.	They're still on vacation.
2.	Ils sont toujours en retard.	They're always late.
3.	Ils sont toujours pressés.	They're always in a hurry.
4.	Ils sont toujours en avance.	They're always early.
5.	Ils sont toujours à l'heure.	They're always on time.

1.	Mon fils rentre la semaine prochaine.	My son comes back next week.
2.	Mon fils rentre le mois prochain.	My son comes back next month.
3.	Mon fils rentre ce matin.	My son comes back this morning.
4.	Mon fils rentre cet après-midi.	My son comes back this afternoon.
5.	Mon fils rentre cette semaine.	My son comes back this week.
6.	Mon fils rentre dans quelques jours.	My son comes back in a few days.
7.	Mon fils rentre dans 10 minutes.	My son comes back in ten minutes.

1.	Voilà le bureau de renseignements.	There is the information desk.
2.	Voilà le wagon-restaurant.	There is the dining car.
3.	Voilà le wagon-lit.	There is the sleeping car.
4.	Voilà ma couchette.	There is my berth.
5.	Voilà mes billets.	There are my tickets.
6.	Voilà un ticket de quai.	There is a platform ticket.
7.	Voilà du café.	There is some coffee.

1.	Pardon, Monsieur. Quelles sont les heures d'arrivée?	Excuse me, Sir. What are the arrival times?
2.	Pardon, Monsieur. Quelles sont les heures de départ?	Excuse me, Sir. What are the departure times?
3.	Pardon, Monsieur. Quelles sont les heures d'affluence?	Excuse me, Sir. Which are the rush hour periods?

Vocabulary Awareness (not recorded)

here	ici
over there	là-bas
next to, beside	à côté
next to the station	à côté de la gare
in front, across	en face
across from the station	en face de la gare
on the left	à gauche
on the left of the station	à gauche de la gare
a window seat	un coin fenêtre
a window	une fenêtre
a corner	un coin
a seat	une place
the luggage	les bagages
the suitcase	la valise

the trunk	la malle
to check	enregistrer
to have checked	faire enregistrer
to have insured	faire assurer
to have reserved	faire réserver
to have brought	faire apporter
to have filled	faire remplir

a sleeping car	un wagon-lit
a bed	un lit
a berth	une couchette
a platform ticket	un ticket de quai
a platform, a quay	un quai
a metro ticket	un ticket de metro
a train ticket	un billet
to go	aller
a one way	un aller
a return	un retour
a round trip	un aller et retour

the date	la date
the month	le mois
the day	le jour
the week	la semaine
the hour	l'heure
the minute	la minute
the morning	le matin
the evening	le soir
the rush hours	les heures d'affluence
the afternoon	l'après-midi
noon	midi
after	après

Lexical Drills

Lexical A-1

1. Je voudrais louer deux places pour Lille.
2. Nous allons louer deux places pour Lille.
3. Il veut louer deux places pour Lille.
4. Je peux louer deux places pour Lille.
5. Il va louer deux places pour Lille.
6. Vous pouvez louer deux places pour Lille.
7. Je dois louer deux places pour Lille.
8. Je vais louer deux places pour Lille.
9. Je voudrais louer deux places pour Lille.

Lexical A-2

1. Où puis-je retenir mes places?
2. Où puis-je changer de train?
3. Où puis-je déjeuner?
4. Où puis-je être seul?

5. Où puis-je prendre les billets?
6. Où puis-je conduire mes amis?
7. Où puis-je louer mes places?
8. Où puis-je faire enregistrer mes bagages?
9. Où puis-je retenir mes places?

Lexical A-3

1. Les voici.
2. La voici.
3. Le voici.
4. Me voici.
5. Nous voici.
6. Vous voici.

Lexical A-4

1. Par celui de dix-neuf heures trente.
2. Par celui de dix-sept heures trente.
3. Par celui de midi-trente.
4. Par celui de quatorze heures trente.
5. Par celui de seize heures trente.
6. Par celui de treize heures trente.
7. Par celui de quinze heures trente.
8. Par celui de dix-huit heures trente.
9. Par celui de dix-neuf heures trente.

Lexical A-5

1. Je peux vous donner deux coins fenêtres.
2. On peut vous donner deux coins fenêtres.
3. Je vais vous donner deux coins fenêtres.
4. Nous allons vous donner deux coins fenêtres.
5. Je voudrais vous donner deux coins fenêtres.
6. Il va vous donner deux coins fenêtres.
7. Je dois vous donner deux coins fenêtres.
8. Elle va vous donner deux coins fenêtres.
9. Je peux vous donner deux coins fenêtres.

Lexical A-6

1. Pour quelle date?
2. Pour quel jour?
3. Pour quel après-midi?
4. Pour quelle heure?
5. Pour quel mois?
6. Pour quel soir?
7. Pour quelle semaine?
8. Pour quelle date?

Lexical A-7

1. Combien de malles avez-vous?
2. Combien de valises avez-vous?
3. Combien de frères avez-vous?
4. Combien de soeurs avez-vous?
5. Combien de jours avez-vous?
6. Combien de places avez-vous?
7. Combien de livres avez-vous?
8. Combien de cafés avez-vous?
9. Combien de chambres avez-vous?
10. Combien de monnaie avez-vous?
11. Combien de fiches avez-vous?

Lexical A-8

1. Où est le bureau de renseignements?
2. Où est le restaurant français?
3. Où est le wagon restaurant?
4. Où est la gare?
5. Où est le wagon-lit?
6. Où est la soeur de Janine?
7. Où est le compartiment pour fumeurs?
8. Où est ma couchette?
9. Où est mon billet?
10. Où est la femme de chambre?
11. Où est mon amie Janine?
12. Où est le bureau de renseignements?

Lexical A-9

1. C'est ici.
2. C'est en face.
3. C'est à Paris.
4. C'est au premier étage.
5. C'est à côté.
6. C'est au restaurant.
7. C'est au café.
8. C'est à l'hôtel.
9. C'est à la gare.
10. C'est ici.

Lexical A-10

1. C'est 42 francs.
2. C'est 21 francs.
3. C'est 1 franc.
4. C'est 6 francs.
5. C'est 2 francs.
6. C'est 13 francs.
7. C'est 10 francs.
8. C'est 20 francs.
9. C'est 3 francs.
10. C'est 7 francs.
11. C'est 12 francs.
12. C'est 18 francs.
13. C'est 4 francs.
14. C'est 14 francs.
15. C'est 11 francs.
16. C'est 19 francs.
17. C'est 15 francs.
18. C'est 8 francs.
19. C'est 17 francs.
20. C'est 5 francs.
21. C'est 16 francs.
22. C'est 9 francs.

Lexical A-11

1. Vous pouvez les faire assurer en face.
2. Vous pouvez les retenir aujourd'hui.
3. Vous pouvez les louer tout de suite.
4. Vous pouvez les réveiller maintenant.
5. Vous pouvez les remercier plus tard.
6. Vous pouvez les fermer tout de suite.
7. Vous pouvez les apporter plus tard.
8. Vous pouvez les demander demain.
9. Vous pouvez les faire assurer en face.

*Lexical B-1

1. Par quel train partez-vous?
2. Par quel train arrivez-vous?
3. A quelle heure arrivez-vous?
4. A quelle heure déjeunez-vous?
5. A quel hôtel déjeunez-vous?
6. A quel hôtel allez-vous?
7. A quelle gare allez-vous?
8. A quelle gare arrivez-vous?
9. Par quel train arrivez-vous?
10. Par quel train partez-vous?

*Lexical B-2

1. Je peux vous donner deux coins fenêtres.
2. Nous allons retenir deux coins fenêtres.
3. Nous allons retenir trois chambres.
4. Je voudrais louer trois chambres.
5. Je voudrais louer quatre places.
6. Il va prendre quatre places.
7. Il va prendre un ticket de quai.
8. Je vais vous donner un ticket de quai.
9. Je vais vous donner deux coins fenêtres.
10. Je peux vous donner deux coins fenêtres.

*Lexical B-3

1. Combien de malles avez-vous?
2. Combien de fiches avez-vous?
3. Combien de fiches voulez-vous?
4. Combien de places voulez-vous?
5. Combien de places y a-t-il?
6. Combien de livres y a-t-il?
7. Combien de livres avons-nous?
8. Combien de billets avons-nous?
9. Combien de billets ont-ils?
10. Combien de malles ont-ils?
11. Combien de malles avez-vous?

*Lexical B-4

1. Où puis-je retenir mes places?
2. Où puis-je prendre les billets?
3. Quand dois-je prendre les billets?
4. Quand dois-je louer les places?
5. Pourquoi dois-je louer les places?
6. Pourquoi dois-je changer de train?
7. Pourquoi voulez-vous changer de train?
8. Pourquoi voulez-vous déjeuner là-bas?
9. Quand dois-je déjeuner là-bas?
10. Quand dois-je retenir mes places?
11. Où puis-je retenir mes places?

*Lexical B-5

1. Je voudrais louer deux places.
2. Elle va louer deux places.
3. Elle va prendre le train.
4. Nous allons prendre le train.
5. Nous allons déjeuner en face.
6. Je voudrais déjeuner en face.
7. Je voudrais aller à Paris.
8. Vous pouvez aller à Paris.
9. Vous pouvez avoir un coin fenêtre.
10. Je voudrais avoir un coin fenêtre.
11. Je voudrais louer deux places.

Questions on the Dialogue

1.	Où est M. Santerre?	Il est à la gare.
2.	Que veut-il?	Il veut des billets.
3.	Combien de billets veut-il?	Il veut deux billets.
4.	Pour Paris?	Non, pour Lille.
5.	Va-t-il prendre des allers et retours?	Non, il va prendre des allers seulement.
6.	Part-il le 5 juillet?	Non, il part le 6 juillet.
7.	Où va-t-il?	Il va à Lille.
8.	Que va-t-il faire au dernier guichet à gauche?	Il va retenir les places.
9.	Quel train va-t-il prendre?	Il va prendre celui de 19h30.
10.	Combien de coins fenêtres va-t-il louer?	Il va louer deux coins fenêtres.
11.	Dans quel compartiment?	Dans un compartiment pour fumeurs.
12.	C'est combien?	C'est un franc.
13.	Pour où M. Santerre va-t-il faire enregistrer ses bagages?	Il va faire enregistrer ses bagages pour Lille.
14.	A-t-il plusieurs malles?	Non, il a une malle.
15.	Combien de valises a-t-il?	Il a une valise.
16.	Comment est la valise? Est-elle verte?	Non, elle n'est pas verte.
17.	Va-t-il faire assurer les bagages?	Non, ce n'est pas la peine.

Grammar 1: Noun-Markers

Grammar Note

d. Demonstrative adjectives <u>ce</u>, <u>cet</u>, <u>cette</u>, <u>ces</u>.

The noun-marker corresponding to English 'this, that' has the following shapes:

<u>Singular</u>:

<u>ce</u> occurs before masculine singular nouns beginning with a consonant:

ce restaurant	this restaurant
ce monsieur	this gentleman
	(see L.1-Gr.1)

<u>cet</u> occurs before masculine singular nouns beginning with a vowel:

cet enfant	this child
cet hôtel	this hôtel
	(see L.3-Gr.1)

<u>cette</u> occurs before all feminine singular nouns. (Notice the identical pronunciation of <u>cet</u> and <u>cette</u>.)

cette malle	this trunk
cette femme	this woman
cette amie	this friend
	(see L.2-Gr.1)

Plural:

ces occurs in front of all plural nouns:

ces restaurants	these restaurants
ces enfants	these children
ces malles	these trunks

(see L.4,5-Gr.1)

Tabulating the shapes:

		before a consonant	before a vowel
Singular	masculine	ce	cet
	feminine	cette	cette
Plural &	masculine feminine	ces	ces

Singular

Ce restaurant est bon.
Cet hôtel est petit.
Cette chambre est très bien.
Cette heure est libre.

Plural

Ces restaurants sont bons.
Ces hôtels sont petits.
Ces chambres sont très bien.
Ces heures sont libres.

Noun-Markers Review

We have learned so far that:

A feminine noun beginning with a consonant can be preceded by la or une or cette.

la chambre	the room
une chambre	a room
cette chambre	this/that room

A masculine noun beginning with a consonant can be preceded by le or un or ce.

Singular

le livre	the book
un livre	a book
ce livre	this/that book

Any noun beginning with a vowel can be preceded by l' or un/une or cet/cette.

l'ami	the friend
un ami	a friend
cet ami	this/that friend
l'amie	the friend
une amie	a friend
cette amie	this/that friend

	Nouns can be preceded by <u>les</u> or <u>des</u> or <u>ces</u>.	
Plural	les **livres**	the books
	des **livres**	some books
	ces **livres**	these/those books

Learning Drills

Learning 1

1. C'est ce restaurant.
2. C'est ce café.
3. C'est ce billet.
4. C'est ce monsieur.
5. C'est ce matin.
6. C'est ce soir.
7. C'est ce livre.
8. C'est ce train.
9. C'est ce bureau.

Learning 2

1. C'est cette rue.
2. C'est cette femme.
3. C'est cette porte.
4. C'est cette chambre.
5. C'est cette fiche.
6. C'est cette date.
7. C'est cette malle.
8. C'est cette valise.
9. C'est cette couchette.

Learning 3

1. C'est pour cet étage.
2. C'est pour cet ami.
3. C'est pour cet enfant.
4. C'est pour cet hôtel.
5. C'est pour cet après-midi.
6. C'est pour cet étage.

Learning 4

1. C'est pour ces étages.
2. C'est pour ces amis.
3. C'est pour ces enfants.
4. C'est pour ces hôtels.
5. C'est pour ces arrivées.
6. C'est pour ces étages.

Learning 5

1. Voulez-vous ces billets?
2. Voulez-vous ces livres?
3. Voulez-vous ces fiches?
4. Voulez-vous ces valises?
5. Voulez-vous ces couchettes?
6. Voulez-vous ces chambres?

Learning 6

1. C'est pour cette date.
2. C'est pour cet enfant.
3. C'est pour ces enfants.
4. C'est pour ce matin.
5. C'est pour cet hôtel.
6. C'est pour ces hôtels.
7. C'est pour cette chambre.
8. C'est pour ces chambres.
9. C'est pour ce soir.

Practice Drills

Practice A-1

1. C'est cette chambre.
2. C'est ce monsieur.
3. C'est cet enfant.
4. C'est cette date.
5. C'est ce soir.
6. C'est cette fenêtre.
7. C'est cette valise.
8. C'est ce train.

9. C'est cet étage.
10. C'est ce compartiment.

Practice A-2

1. C'est pour ces restaurants.
2. C'est pour ces enfants.
3. C'est pour ces couchettes.
4. C'est pour ces salles de bains.
5. C'est pour ces fenêtres.
6. C'est pour ces compartiments.
7. C'est pour ces enfants.

Practice A-3

Tutor   : C'est pour ces enfants?
Student: Non, ce n'est pas pour ces enfants.

1. C'est pour cet enfant?   Non, ce n'est pas pour cet enfant.
2. C'est pour ce soir?   Non, ce n'est pas pour ce soir.
3. C'est pour ces compartiments?   Non, ce n'est pas pour ces compartiments.
4. C'est pour ce compartiment?   Non, ce n'est pas pour ce compartiment.
5. C'est pour cet étage?   Non, ce n'est pas pour cet étage.
6. C'est pour ces étages?   Non, ce n'est pas pour ces étages.
7. C'est pour cet hôtel?   Non, ce n'est pas pour cet hôtel.
8. C'est pour cette date?   Non, ce n'est pas pour cette date.
9. C'est pour cet enfant?   Non, ce n'est pas pour cet enfant.
10. C'est pour cette chambre?   Non, ce n'est pas pour cette chambre.

Practice A-4

Tutor   : C'est dans cette valise?
Student: Oui, c'est dans cette valise.

1. C'est cet hôtel?   Oui, c'est cet hôtel.
2. C'est ce monsieur?   Oui, c'est ce monsieur.
3. C'est cet enfant?   Oui, c'est cet enfant.
4. C'est pour ces enfants?   Oui, c'est pour ces enfants.
5. C'est cette rue?   Oui, c'est cette rue.
6. C'est dans ces valises?   Oui, c'est dans ces valises.
7. C'est dans ce train?   Oui, c'est dans ce train.
8. C'est dans cette rue?   Oui, c'est dans cette rue.
9. C'est à cet étage?   Oui, c'est à cet étage.

Practice A-5

Tutor   : La rue est à gauche.
Student: Cette rue est à gauche.

1. L'hôtel est à gauche.   Cet hôtel est à gauche.
2. L'enfant est là-bas.   Cet enfant est là-bas.
3. Les enfants sont ici.   Ces enfants sont ici.
4. La femme de chambre est jolie. Cette femme de chambre est jolie.
5. La chambre est petite.   Cette chambre est petite.
6. Les chambres sont petites.   Ces chambres sont petites.

7. La valise est verte.   Cette valise est verte.
8. Les valises sont vertes.   Ces valises sont vertes.
9. Le train est en retard.   Ce train est en retard.
10. La place est libre.   Cette place est libre.

Grammar 2: à la, au ... etc ...

Grammar Note

Voulez-vous aller au Café de Paris?
Nous avons une chambre au premier étage.
Au dernier guichet à gauche.

The preposition à + definite article has several shapes:

Singular:

à la in front of feminine nouns beginning with a consonant.

Je vais à la gare.   I'm going to the station.

au in front of masculine nouns beginning with a consonant.

Il est au restaurant.   He is at the restaurant.

à l' in front of all nouns beginning with a vowel.

Il est à l'hôtel.   He is at the hotel.

Plural:

aux before all nouns.

Aux guichets deux et trois.   At ticket windows two and three.

Au, à la, à l', aux have different equivalents in English.

1. to the

Allez-vous à la gare?   Are you going to the station?
                                  (see L.1-Gr.2)

2. at the

Je suis à l'hôtel.   I am at the hotel.
          (see L.2, 3-Gr.2, except for the last
           example: il est au lit = he is in bed)

3. The verb 'to be' followed by the preposition à has also the meaning of 'to belong to'.

C'est à la soeur de Janine.   It belongs to Janine's sister.
                                  (see L.5-Gr.2)

		before a consonant	before a vowel
Singular	masculine	au	à l'
	feminine	à la	
Plural	& masculine feminine	aux	aux

Learning Drills

Learning 1

1. Allez-vous à la gare?
2. Allez-vous à la location?
3. Allez-vous à la fenêtre?
4. Allez-vous à l'hôtel?
5. Allez-vous à la gare?
6. Allez-vous à l'enregistrement?

Learning 2

1. Je suis à la fenêtre.
2. Je suis à la porte.
3. Je suis à l'hôtel.
4. Je suis à la location.
5. Je suis à la gare.
6. Je suis à l'enregistrement.
7. Je suis à la fenêtre.

Learning 3

1. Il est au restaurant.
2. Il est au café.
3. Il est au premier étage.
4. Il est au wagon-restaurant.
5. Il est au bureau.
6. Il est au lit.

Learning 4

1. Est-il au lit?
2. Est-il au café?
3. Est-il à la gare?
4. Est-il à l'hôtel?
5. Est-il au bureau?
6. Est-il à l'enregistrement?
7. Est-il à la location?
8. Est-il au premier étage?
9. Est-il à la fenêtre?
10. Est-il au restaurant?

Learning 5

1. C'est aux employés.
2. C'est à l'employé.
3. C'est aux enfants.
4. C'est à l'enfant.
5. C'est à l'ami de Janine.
6. C'est aux amis de Janine.

Learning 6

1. C'est au guichet 2.
2. C'est aux guichets 2 et 3.
3. C'est à la chambre 12.
4. C'est aux chambres 12 et 14.
5. C'est à la soeur de Janine.
6. C'est aux soeurs de Janine.

Practice Drills

Practice A-1

1. Je suis à l'hôtel.
2. Je suis à la location.
3. Je suis au restaurant.
4. Je suis à la gare.
5. Je suis à l'enregistrement.
6. Je suis au café.
7. Je suis à la fenêtre.
8. Je suis au wagon-restaurant.

Practice A-2

Tutor   : Allez-vous à la gare?
Student: Oui, je vais à la gare.

1. Allez-vous à l'hôtel?   Oui, je vais à l'hôtel.
2. Etes-vous au bureau?   Oui, je suis au bureau.
3. Etes-vous au café?   Oui, je suis au café.

4. Allez-vous au premier étage?   Oui, je vais au premier étage.
5. Etes-vous à la location?   Oui, je suis à la location.
6. Allez-vous au restaurant?   Oui, je vais au restaurant.
7. Etes-vous à l'enregistrement?   Oui, je suis à l'enregistrement.

Practice A-3

1. Voilà l'hôtel; allez-vous à l'hôtel?
2. Voilà le restaurant; allez-vous au restaurant?
3. Voilà la gare; allez-vous à la gare?
4. Voilà la location; allez-vous à la location?
5. Voilà le café; allez-vous au café?
6. Voilà le wagon-restaurant; allez-vous au wagon-restaurant?
7. Voilà la gare; allez-vous à la gare?
8. Voilà le bureau de renseignements; allez-vous au bureau de renseignements?

Practice A-4

1. Demandez à la femme de chambre de vous y conduire.
2. Demandez (au) le père de Janine de vous y conduire.
3. Demandez (aux) les amis de Janine de vous y conduire.
4. Demandez (à) l'ami de Janine de vous y conduire.
5. Demandez (aux) les frères de Janine de vous y conduire.
6. Demandez (à) la soeur de Janine de vous y conduire.
7. Demandez (au) le frère de Janine de vous y conduire.
8. Demandez (aux) les soeurs de Janine de vous y conduire.
9. Demandez (à) la mère de Janine de vous y conduire.
10. Demandez (au) le gérant de l'hôtel de vous y conduire.

Practice A-5

1. Les bagages sont à la gare.
2. Les bagages sont au guichet 2.
3. Les bagages sont à l'enregistrement.
4. Les bagages sont au premier étage.
5. Les bagages sont à la location.
6. Les bagages sont à l'hôtel.
7. Les bagages sont au bureau.
8. Les bagages sont à la porte.

Grammar 3: Yes/No Questions

Grammar Note

Avez-vous des chambres communicantes?

A yes/no question is one which has yes or no as possible answers. Besides
the inversion process explained in Unit 1, Grammar Note 3, there are two other
ways of formulating yes-no questions in French:

1. Prefixing Est-ce que to the Subject-Verb type of utterance makes it
   into a yes/no question:

   C'est 42 francs.   'It's 42 francs.'
   Est-ce que c'est 42 francs? 'Is it 42 francs?'

Je peux vous donner deux coins fenêtres?
Est-ce que je peux vous donner deux coins fenêtres?

'I can give you two window seats.'
'Can I give you two window seats?'

Before a vowel.   Before a consonant.

| est-ce qu' | | est-ce que |

2. Rising pitch movement on the final syllable also signals yes-no questions:

Vous êtes seul?
Aller et retour?
Dans un compartiment pour fumeurs?

In the case of inversion and prefixation questions, rising pitch movement is optional.

Etes-vous seul?
Est-ce que vous êtes seul?

Learning Drills

Learning 1

1. Est-ce que vous allez au café?
2. Est-ce que vous allez à l'hôtel?
3. Est-ce que vous avez les bagages?
4. Est-ce que vous voulez des fiches?
5. Est-ce que vous déjeunez ici?
6. Est-ce que vous désirez quelque chose?
7. Est-ce que vous avez la monnaie?
8. Est-ce que vous lisez la leçon?
9. Est-ce que vous répondez en français?
10. Est-ce que vous partez par le train?

Learning 2

1. Est-ce qu'ils sont ici?
2. Est-ce qu'il est ici?
3. Est-ce qu'il va bien?
4. Est-ce qu'ils ont la monnaie?
5. Est-ce qu'ils sont pressés?
6. Est-ce qu'il dit quelque chose?
7. Est-ce qu'il a la monnaie?
8. Est-ce qu'il arrive à 2 heures?
9. Est-ce qu'elle va bien?
10. Est-ce qu'elles ont les fiches?

Learning 3

1. Vous déjeunez au café?
2. Elle va au café?
3. Vous êtes au café?
4. Il va au café?
5. Vous allez au café?
6. Elle va au café?
7. Vous déjeunez au café?

Learning 4

1. Vous voulez les billets?
2. Vous voulez des fiches?
3. Vous voulez la monnaie?

4. Vous voulez <u>la malle</u>?
5. Vous voulez <u>un coin fenêtre</u>?
6. Vous voulez <u>les bagages</u>?
7. Vous voulez <u>la valise</u>?
8. Vous voulez <u>une chambre</u>?
9. Vous voulez <u>des vacances</u>?
10. Vous voulez <u>les livres</u>?

Learning 5

1. Est-ce qu'il va <u>à la gare</u>?
2. Est-ce qu'il va <u>au restaurant</u>?
3. Est-ce qu'il va <u>à Paris</u>?
4. Est-ce qu'il va <u>à l'enregis-</u>
   <u>trement</u>?
5. Est-ce qu'il va <u>à l'hôtel</u>?
6. Est-ce qu'il va <u>au wagon-lit</u>?
7. Est-ce qu'il va <u>au bureau</u>?
8. Est-ce qu'il va <u>à la location</u>?
9. Est-ce qu'il va <u>à Lyon</u>?
10. Est-ce qu'il va <u>au café</u>?

Learning 6

1. Vous avez <u>vos bagages</u>?
2. Vous avez <u>les livres</u>?
3. Vous avez <u>ce livre</u>?
4. Vous avez <u>des vacances</u>?
5. Vous avez <u>cette fiche</u>?
6. Vous avez <u>une chambre</u>?
7. Vous avez <u>des chambres</u>?
8. Vous avez <u>les renseignements</u>?
9. Vous avez <u>ces livres</u>?
10. Vous avez <u>la monnaie</u>?

Practice Drills

Practice A-1

1. Je suis en retard; est-ce que vous êtes en retard?
2. <u>Je vais à Paris</u>; est-ce que vous allez à Paris?
3. <u>J'ai des nouvelles</u>; est-ce que vous avez des nouvelles?
4. <u>J'ai un billet</u>; est-ce que vous avez un billet?
5. <u>Je suis français</u>; est-ce que vous êtes français?
6. <u>J'ai des vacances</u>; est-ce que vous avez des vacances?
7. <u>Je pars ce soir</u>; est-ce que vous partez ce soir?
8. <u>Je voudrais déjeuner</u>; est-ce que vous voulez déjeuner?
9. <u>Je suis dans un compartiment pour fumeurs</u>; est-ce que vous êtes dans un compartiment pour fumeurs?
10. <u>J'ai une couchette</u>; est-ce que vous avez une couchette?

Practice A-2

Tutor : Mes amis sont à Paris.
Student: Ils sont en vacances?

1. Janine part ce soir.   Elle est en vacances?
2. Je vais à Paris.   Vous êtes en vacances?
3. Les enfants rentrent ce soir.   Ils sont en vacances?
4. Mon frère est à Paris.   Il est en vacances?
5. Mes parents arrivent demain.   Ils sont en vacances?
6. Ma femme et moi sommes à l'hôtel.   Vous êtes en vacances?
7. Les enfants sont à Paris.   Ils sont en vacances?

Practice A-3

Tutor   : Ce n'est pas la peine.
Student: Ce n'est pas la peine?

1.	Vous pouvez les faire assurer en face.	Vous pouvez les faire assurer en face?
2.	C'est parfait.	C'est parfait?
3.	Par celui de dix-neuf heures trente.	Par celui de dix-neuf heures trente?
4.	Au dernier guichet à gauche.	Au dernier guichet à gauche?
5.	Dans un compartiment pour fumeurs.	Dans un compartiment pour fumeurs?
6.	C'est quarante-deux francs.	C'est quarante-deux francs?
7.	La femme de chambre va vous y conduire.	La femme de chambre va vous y conduire?
8.	Il est une heure.	Il est une heure?
9.	Il est près d'ici.	Il est près d'ici?
10.	C'est un très bon restaurant.	C'est un très bon restaurant?
11.	Il est à Lyon maintenant.	Il est à Lyon maintenant?

Practice A-4

1. Est-ce que vous allez à Paris?
2. Est-ce qu'ils sont à Paris?
3. Est-ce qu'elle est ici?
4. Est-ce que vous déjeunez près d'ici?
5. Est-ce qu'il rentre demain?
6. Est-ce que vous voulez votre valise?
7. Est-ce qu'il arrive ce soir?
8. Est-ce que nous allons au café?
9. Est-ce qu'elle est en retard?
10. Est-ce qu'ils font les bagages?
11. Est-ce que vous avez la monnaie?
12. Est-ce que c'est près d'ici?
13. Est-ce que vous parlez français?
14. Est-ce qu'il va déjeuner?

Practice A-5

Tutor   : Allez-vous au bureau?
Student: Est-ce que vous allez au bureau?

1.	Va-t-il à Paris?	Est-ce qu'il va à Paris?
2.	Est-elle pressée?	Est-ce qu'elle est pressée?
3.	Ont-ils des bagages?	Est-ce qu'ils ont des bagages?
4.	Rentre-t-il ce soir?	Est-ce qu'il rentre ce soir?
5.	Déjeunez-vous à une heure?	Est-ce que vous déjeunez à une heure?
6.	Allons-nous au café?	Est-ce que nous allons au café?
7.	Monte-t-il les bagages?	Est-ce qu'il monte les bagages?
8.	Réveillez-vous les enfants?	Est-ce que vous réveillez les enfants?
9.	Commence-t-elle maintenant?	Est-ce qu'elle commence maintenant?
10.	Parlez-vous français?	Est-ce que vous parlez français?
11.	Etes-vous ensemble?	Est-ce que vous êtes ensemble?

Practice A-6

Tutor : Les enfants sont-ils en vacances?
Student: Est-ce que les enfants sont en vacances?

1. Mlle Courtois est-elle ici?   Est-ce que Mlle Courtois est ici?
2. Votre ami a-t-il des nouvelles?   Est-ce que votre ami a des nouvelles?
3. Vos enfants sont-ils en vacances?   Est-ce que vos enfants sont en vacances?
4. L'hôtel est-il près d'ici?   Est-ce que l'hôtel est près d'ici?
5. Votre amie rentre-t-elle ce soir?   Est-ce que votre amie rentre ce soir?
6. Vos bagages sont-ils à l'hôtel?   Est-ce que vos bagages sont à l'hôtel?
7. Les enfants ont-ils des amis?   Est-ce que les enfants ont des amis?
8. Votre ami va-t-il à Paris?   Est-ce que votre ami va à Paris?

Practice A-7

Tutor : Je vais à l'enregistrement.
Student: Est-ce que je vais à l'enregistrement?

1. Je suis en retard.   Est-ce que je suis en retard?
2. J'ai des vacances.   Est-ce que j'ai des vacances?
3. Je vais à la location.   Est-ce que je vais à la location?
4. J'ai des places.   Est-ce que j'ai des places?
5. Je dois prendre un ticket de quai.   Est-ce que je dois prendre un ticket de quai?
6. J'ai des nouvelles.   Est-ce que j'ai des nouvelles?
7. J'arrive à une heure.   Est-ce que j'arrive à une heure?
8. Je peux prendre les billets.   Est-ce que je peux prendre les billets?

Grammar 4: Verbs with infinitive ending in - ER

Grammar Note

Ma famille arrive ce soir.   (arriver)
Mon fils rentre ce matin.   (rentrer)
Demandez à Monsieur de fermer la porte. (demander)
Que désirez-vous, Monsieur?   (désirer)
Ils montent.   (monter)
Je vous remercie.   (remercier)

In this chapter, we are going to give the forms of the present tense of the verbs with infinitive ending in -ER. (aller will be studied separately later. See Unit 4-Gr.5) That part of the infinitive which remains when the ER is removed is called the Present Stem. For example:

Infinitive	Stem	Infinitive Ending
parler	parl-	-er
présenter	présent-	-er
arriver	arriv-	-er
excuser	excus-	-er
déjeuner	déjeun-	-er
remercier	remerci-	-er

The present tense endings for these verbs are:

	SP	Stem	Ending
Singular	je il elle on		-e
Plural	ils elles		-ent
	nous		-ons
	vous		-ez

Example:

Here are the forms of <u>parler</u> - to speak.

je parle	Est-ce que je parle?
il parle	Parle-t-il?
elle parle	Parle-t-elle?
on parle	Parle-t-on?
ils parlent	Parlent-ils?
elles parlent	Parlent-elles?
nous parlons	Parlons-nous?
vous parlez	Parlez-vous?

*The form <u>parlé-je</u> is not a spontaneous speech form; use 'est-ce que je parle'.

<u>Remember</u>: When the verb begins with a vowel 'je' becomes <u>j'</u>, and in the plural the liaison is compulsory between the subject pronoun and the verb.

Learning Drills

Learning 1
1. Vous arrivez à deux heures.
2. <u>Vous déjeunez</u> à deux heures.
3. <u>Nous arrivons</u> à deux heures.
4. <u>Nous déjeunons</u> à deux heures.
5. <u>Vous montez</u> à deux heures.
6. <u>Nous montons</u> à deux heures.
7. <u>Vous changez</u> à deux heures.
8. <u>Nous changeons</u> à deux heures.
9. <u>Vous commencez</u> à deux heures.
10. <u>Nous commençons</u> à deux heures.

Learning 2
1. Ils arrivent à deux heures.
2. <u>Il arrive</u> à deux heures.
3. <u>Il commence</u> à deux heures.
4. <u>Je commence</u> à deux heures.
5. <u>J'arrive</u> à deux heures.
6. <u>On arrive</u> à deux heures.
7. <u>Elle commence</u> à deux heures.
8. <u>On commence</u> à deux heures.
9. <u>Elles arrivent</u> à deux heures.
10. <u>Je déjeune</u> à deux heures.
11. <u>Il déjeune</u> à deux heures.

Learning 3
1. Mes amis déjeunent à deux heures.
2. <u>Mon ami déjeune</u> à deux heures.

3. Mes amis arrivent à deux heures.
4. Mon frère arrive à deux heures.
5. Mes amis commencent à deux heures.
6. Mon ami commence à deux heures.
7. Mes parents arrivent à deux heures.
8. Mon père arrive à deux heures.

Learning 4

1. Quand vos amis louent-ils les places?
2. Quand loue-t-elle les places?
3. Quand louez-vous les places?
4. Quand loue-t-on les places?
5. Quand votre ami loue-t-il les places?
6. Quand louons-nous les places?

Practice Drills

Practice A-1

Tutor   : Vous déjeunez à une heure?
Student: Non, je déjeune à midi.

1. Vous arrivez à une heure?   Non, j'arrive à midi.
2. Vous commencez à une heure?   Non, je commence à midi.
3. Votre soeur arrive à une heure?   Non, elle arrive à midi.
4. Vos soeurs arrivent à 3 heures?   Non, elles arrivent à midi.
5. Je commence à deux heures?   Non, vous commencez à midi.
6. Vos parents arrivent à une   Non, ils arrivent à midi.
   heure?
7. Votre frère arrive à 3 heures?   Non, il arrive à midi.

Practice A-2

1. Il est en vacances; il rentre la semaine prochaine.
2. Je suis en vacances; je rentre la semaine prochaine.
3. Nous sommes en vacances; nous rentrons la semaine prochaine.
4. Elle est en vacances; elle rentre la semaine prochaine.
5. Ils sont en vacances; ils rentrent la semaine prochaine.
6. Vous êtes en vacances; vous rentrez la semaine prochaine.
7. On est en vacances; on rentre la semaine prochaine.
8. Elles sont en vacances; elles rentrent la semaine prochaine.

Practice A-3

Tutor   : Ecoutez-vous les nouvelles à 6 heures?
Student: Oui, j'écoute les nouvelles à 6 heures.

1. Déjeunez-vous avec eux?   Oui, je déjeune avec eux.
2. Arrivez-vous par le train de   Oui, j'arrive par le train de 6 heures.
   6 heures?
3. Espérez-vous partir le mois   Oui, j'espère partir le mois prochain.
   prochain?
4. Apportez-vous le café?   Oui, j'apporte le café.

5. Réveillez-vous les enfants à 8 heures?	Oui, je réveille les enfants à 8 heures.
6. Parlez-vous de M. Durand?	Oui, je parle de M. Durand.
7. Changez-vous de train à Lyon?	Oui, je change de train à Lyon.
8. Fermez-vous les fenêtres?	Oui, je ferme les fenêtres.
9. Montez-vous au premier étage?	Oui, je monte au premier étage.
10. Rentrez-vous par le train?	Oui, je rentre par le train.

Practice A-4

1. Je suis français; je ne parle pas anglais.
2. Il est français; il ne parle pas anglais.
3. Nous sommes français; nous ne parlons pas anglais.
4. On est français; on ne parle pas anglais.
5. Ils sont français; ils ne parlent pas anglais.
6. Je suis français; je ne parle pas anglais.
7. Il est français; il ne parle pas anglais.
8. Nous sommes français; nous ne parlons pas anglais.

Practice A-5

1. Je suis en avance; j'arrive dans dix minutes.
2. Ils sont en avance; ils arrivent dans dix minutes.
3. On est en avance; on arrive dans dix minutes.
4. Nous sommes en avance; nous arrivons dans dix minutes.
5. Elle est en avance; elle arrive dans dix minutes.
6. Vous êtes en avance; vous arrivez dans dix minutes.
7. Elles sont en avance; elles arrivent dans dix minutes.
8. Il est en avance; il arrive dans dix minutes.

Practice A-6

1. Elle déjeune maintenant parce qu'elle est pressée.
2. Il déjeune maintenant parce qu'il est pressé.
3. Nous déjeunons maintenant parce que nous sommes pressés.
4. Ils déjeunent maintenant parce qu'ils sont pressés.
5. Je déjeune maintenant parce que je suis pressé.
6. On déjeune maintenant parce qu'on est pressé.
7. Elles déjeunent maintenant parce qu'elles sont pressées.
8. Nous déjeunons maintenant parce que nous sommes pressés.

Practice A-7

Tutor : Vous déjeunez maintenant?
Student: Non, je déjeune plus tard.

1. Vous arrivez maintenant?	Non, j'arrive plus tard.
2. Les bureaux ferment à 5 heures?	Non, ils ferment plus tard.
3. Le bureau ferme à 3 heures?	Non, il ferme plus tard.
4. Vous montez maintenant?	Non, je monte plus tard.
5. Vous réveillez les enfants maintenant?	Non, je réveille les enfants plus tard.
6. On apporte les bagages maintenant?	Non, on apporte les bagages plus tard.

7. Vous commencez maintenant?   Non, je commence plus tard.
8. Votre père arrive à une heure? Non, il arrive plus tard.

*Practice B-1

Tutor   : Où êtes-vous?
Student: Je suis à Paris; je rentre la semaine prochaine.

1. Où est-elle?   Elle est à Paris; elle rentre la semaine
                             prochaine.
2. Où êtes-vous?   Je suis à Paris; je rentre la semaine
                             prochaine.
3. Où est Janine?   Elle est à Paris; elle rentre la semaine
                             prochaine.
4. Où sont vos frères?   Ils sont à Paris; ils rentrent la semaine
                             prochaine.
5. Où est M. Lelong?   Il est à Paris; il rentre la semaine
                             prochaine.
6. Où sont vos soeurs?   Elles sont à Paris; elles rentrent la
                             semaine prochaine.
7. Où êtes-vous?   Je suis à Paris; je rentre la semaine
                             prochaine.
8. Où est votre frère?   Il est à Paris; il rentre la semaine
                             prochaine.

*Practice B-2

Tutor   : Je change de train à Paris.
Student: Pourquoi changez-vous de train à Paris?

1. Il ne rentre pas ce soir.   Pourquoi ne rentre-t-il pas ce soir?
2. Je donne mon livre à Janine.   Pourquoi donnez-vous votre livre à
                                   Janine?
3. Elle réveille les enfants à 7   Pourquoi réveille-t-elle les enfants à
   heures.   7 heures?
4. Il remercie le gérant.   Pourquoi remercie-t-il le gérant?
5. On ferme les fenêtres.   Pourquoi ferme-t-on les fenêtres?
6. Je n'écoute pas la leçon.   Pourquoi n'écoutez-vous pas la leçon?
7. Elle ne parle pas à Janine.   Pourquoi ne parle-t-elle pas à Janine?
8. Ils n'apportent pas le café.   Pourquoi n'apportent-ils pas le café?
9. Les enfants ne parlent pas   Pourquoi ne parlent-ils pas anglais?
   anglais.
10. Elle arrive toujours en retard. Pourquoi arrive-t-elle toujours en retard?
11. Je change de train à Lyon.   Pourquoi changez-vous de train à Lyon?

*Practice B-3

Tutor   : Déjeunez-vous avec eux aujourd'hui?
Student: Non, je ne déjeune pas avec eux aujourd'hui.

Tutor   : Le guichet ne ferme-t-il pas à 6 heures?
Student: Non, il ne ferme pas à 6 heures.

1. Ne montrez-vous pas votre livre Non, je ne montre pas mon livre à Janine.
   à Janine?

2.	Parlez-vous français au gérant?	Non, je ne parle pas français au gérant.
3.	Donne-t-on les nouvelles à 3 h.?	Non, on ne donne pas les nouvelles à 3 h.
4.	Déjeunez-vous avec eux aujourd'hui?	Non, je ne déjeune pas avec eux aujourd'hui.
5.	Parle-t-on anglais en classe?	Non, on ne parle pas anglais en classe.
6.	Ne rentrez-vous pas avec eux?	Non, je ne rentre pas avec eux.
7.	Ne loue-t-on pas la chambre aux Lelong?	Non, on ne loue pas la chambre aux Lelong.
8.	Commence-t-on la leçon 5 aujourd'hui?	Non, on ne commence pas la leçon 5 aujourd'hui.
9.	Fermez-vous les fenêtres?	Non, je ne ferme pas les fenêtres.

*Practice B-4

Tutor   : Je ne déjeune pas au restaurant.
Student: Je ne comprends pas pourquoi vous ne déjeunez pas au restaurant.

1.	Elle ne parle pas français.	Je ne comprends pas pourquoi elle ne parle pas français.
2.	J'arrive toujours en avance.	Je ne comprends pas pourquoi vous arrivez toujours en avance.
3.	Je ne parle pas des vacances.	Je ne comprends pas pourquoi vous ne parlez pas des vacances.
4.	Ils arrivent toujours en retard en classe.	Je ne comprends pas pourquoi ils arrivent toujours en retard en classe.
5.	Je ne montre pas ce livre à Janine.	Je ne comprends pas pourquoi vous ne montrez pas ce livre à Janine.
6.	On ne donne pas de café aux enfants.	Je ne comprends pas pourquoi on ne donne pas de café aux enfants.
7.	Je n'écoute pas en classe.	Je ne comprends pas pourquoi vous n'écoutez pas en classe.

*Practice B-5

Tutor   : Pourquoi vos amis rentrent-ils par le train?
Student: Ils rentrent par le train parce qu'ils ne sont pas pressés.

1.	Pourquoi M. Lelong ne loue-t-il pas les places aujourd'hui?	Il ne loue pas les places aujourd'hui parce qu'il n'est pas pressé.
2.	Pourquoi vos amis arrivent-ils à 8 heures?	Ils arrivent à 8 heures parce qu'ils ne sont pas pressés.
3.	Pourquoi ne rentrez-vous pas la semaine prochaine?	Je ne rentre pas la semaine prochaine parce que je ne suis pas pressé.
4.	Pourquoi commence-t-on à midi aujourd'hui?	On commence à midi aujourd'hui parce qu'on n'est pas pressé.
5.	Pourquoi l'employé n'apporte-t-il pas les bagages maintenant?	Il n'apporte pas les bagages maintenant parce qu'il n'est pas pressé.
6.	Pourquoi ne montez-vous pas parler au gérant tout de suite?	Je ne monte pas parler au gérant tout de suite parce que je ne suis pas pressé.
7.	Pourquoi rentrez-vous plus tard ce soir?	Je rentre plus tard ce soir parce que je ne suis pas pressé.

*Practice B-6

Tutor   : Je déjeune au restaurant aujourd'hui.
Student: Est-ce que vous ne déjeunez pas toujours au restaurant?

1. Je suis en retard ce matin.   Est-ce que vous n'êtes pas toujours en
                                       retard?
2. Je rentre à 6 heures ce soir.   Est-ce que vous ne rentrez pas toujours
                                       à 6 heures?
3. Mon train est à l'heure   Est-ce qu'il n'est pas toujours à
   aujourd'hui.   l'heure?
4. J'écoute ma femme.   Est-ce que vous n'écoutez pas toujours
                                       votre femme?
5. On part à 6 heures aujourd'hui.   Est-ce qu'on ne part pas toujours à 6 h.?
6. On ferme à 6 heures aujourd'hui.   Est-ce qu'on ne ferme pas toujours à 6 h.?
7. Je vais bien aujourd'hui.   Est-ce que vous n'allez pas toujours bien?
8. La classe commence à 9 heures   Est-ce qu'elle ne commence pas toujours
   ce matin.   à 9 heures?

SITUATION I

X. Voulez-vous prendre un café?   M. Denis ne peut pas <u>prendre</u> de café
D. Non, je ne peux pas, je suis   parce qu'il est en retard. Le train
   en retard.   arrive dans un quart d'heure, à neuf
X. A quelle heure le train   heures dix. M. Denis doit prendre un
   arrive-t-il?   ticket de quai. Ses enfants n'arrivent
D. A neuf heures dix.   pas seuls.
X. Vous avez encore un quart
   d'heure.   'to take'
D. Oui, mais je dois prendre un
   ticket de quai.
X. Vos enfants arrivent-ils seuls?
D. Non, ma soeur est avec eux.

SITUATION II

R. Je pars ce soir avec mon fils.   M. Rollin part avec son fils. Ils <u>vont</u>
C. Vous allez à Lyon?   à Lyon. M. Rollin dit à M. Cadet qu'il
R. Oui, pour une semaine.   ne va pas prendre de couchettes. Ils
C. Allez-vous prendre des   arrivent à Lyon à deux heures du matin.
   couchettes?   M. Cadet <u>propose</u> de conduire M. Rollin
R. Non, ce n'est pas la peine. Nous   à la gare. M. Rollin le remercie.
   arrivons à 2 heures du matin.
C. Si vous voulez, je peux vous   'are going'
   conduire à la gare.   'proposes'
R. Merci beaucoup.

Question Drill

1. Où allez-vous vendredi prochain?
2. Où peut-on louer des places?
3. Y a-t-il des wagons-lits dans le train pour Chicago?

3.26

4. Quand vous allez à New York, déjeunez-vous dans le train?
5. A quelle heure arrivez-vous là-bas?
6. C'est combien le billet pour New York?
7. Arrivez-vous en retard pour prendre un train?
8. Fermez-vous toujours la porte du compartiment?
9. Peut-on prendre un café au wagon-restaurant?
10. Y a-t-il toujours des places dans les compartiments pour fumeurs?
11. A quel guichet demandez-vous l'heure de départ des trains?
12. Où loue-t-on les places?
13. Fait-on enregistrer les bagages à la location?
14. Où peut-on fumer dans un train?

Response Drill

1. Demandez à ... s'il loue des places pour New York.
2. Demandez à ... s'il va prendre le train ce soir.
3. Dites que vous allez déjeuner au wagon-restaurant.
4. Dites que vous déjeunez à la gare.
5. Demandez à ... si le train de 7 h.20 est en retard.
6. Dites que votre malle n'est pas verte.
7. Demandez à ... combien de valises il a.
8. Demandez à ... s'il a une petite valise.
9. Demandez à ... si on peut louer des coins fenêtres.
10. Demandez à ... s'il y a des wagons pour fumeurs.
11. Demandez à ... par quel train il part.
12. Dites à ... qu'il part par le train de 21 heures.
13. Demandez-moi si je vais louer une couchette.
14. Demandez à ... dans quel wagon sont les couchettes.

Review Drills

*Review 1

1. Elle ne déjeune pas au café.
2. Nous ne déjeunons pas au café.
3. Nous n'allons pas au café.
4. Je ne vais pas au café.
5. Je ne suis pas au café.
6. Vous n'êtes pas au café.
7. Vous ne déjeunez pas au café.
8. Nos amis ne déjeunent pas au café.
9. Nos amis ne sont pas au café.
10. Mon ami n'est pas au café.
11. Mon ami ne déjeune pas au café.

*Review 2

1. Elle ne monte pas les valises.
2. Je ne monte pas les valises.
3. Nous ne montons pas les valises.
4. Il ne monte pas les valises.
5. Vous ne portez pas les valises.
6. Elle ne porte pas les valises.
7. Nous ne fermons pas les valises.
8. Je ne ferme pas les valises.
9. Vous n'avez pas les valises.
10. Nous n'avons pas les valises.
11. Vous ne demandez pas les valises.
12. Il ne demande pas les valises.

Review 3

Tutor : J'arrive à 2 heures.
Student: Je n'arrive pas à 2 heures.

1. Ils arrivent à 2 heures.   Ils n'arrivent pas à 2 heures.
2. Je ferme la fenêtre.   Je ne ferme pas la fenêtre.

3. Elles écoutent la leçon.   Elles n'écoutent pas la leçon.
4. Il loue les places.   Il ne loue pas les places.
5. Je rentre à midi.   Je ne rentre pas à midi.
6. Je vais au restaurant.   Je ne vais pas au restaurant.
7. Il va à la gare.   Il ne va pas à la gare.
8. Je parle français.   Je ne parle pas français.
9. Nous montons les bagages.   Nous ne montons pas les bagages.
10. Nous avons les bagages.   Nous n'avons pas les bagages.
11. J'apporte la valise.   Je n'apporte pas la valise.
12. Nous changeons de chambre. Nous ne changeons pas de chambre

*Review 4

1. Je vais dans la rue.
2. Je vais au restaurant.
3. Il est au restaurant.
4. Il est dans le train.
5. Nous sommes dans le train.
6. Nous sommes dans le compartiment.
7. Elles sont dans le compartiment.
8. Elles sont au bureau.
9. Il est au bureau.
10. Il est dans la salle de bains.
11. Je vais dans la salle de bains.
12. Je vais à la gare.
13. Ils sont à la gare.
14. Ils sont à l'hôtel.
15. Je vais à l'hôtel.
16. Je vais dans la rue.

*Review 5

1. Je suis au restaurant.
2. Je suis à la gare.
3. Je suis au café.
4. Je suis à l'hôtel.
5. Je suis au guichet.
6. Je suis à Lille.
7. Je suis à la fenêtre.

*Review 6

1. Il est dans le train.
2. Il est à la fenêtre.
3. Il est dans la rue.
4. Il est au premier étage.
5. Il est au guichet.
6. Il est dans la salle de bains.
7. Il est dans le compartiment.
8. Il est à Paris.
9. Il est dans le train.

*Review 7

1. Il a la chambre 12.
2. Il va dans la chambre 12.
3. Il va au premier étage.
4. Il loue le premier étage.
5. Il loue la place.
6. Il a la place.
7. Il a la chambre 14.
8. Il déjeune dans la chambre 14.
9. Il déjeune au restaurant.
10. Il est au restaurant.
11. Il est dans la chambre 12.
12. Il a la chambre 12.

Review 8

Tutor : J'ai les billets.
Student: Vous avez les billets?

1. Vous êtes en retard.   Je suis en retard?
2. Je vais à Paris.   Vous allez à Paris?
3. Vous êtes en avance.   Je suis en avance?

4.	Je rentre la semaine prochaine.	Vous rentrez la semaine prochaine?
5.	Je loue les places.	Vous louez les places?
6.	Vous arrivez à 2 heures.	J'arrive à 2 heures?
7.	Je ne suis pas satisfait.	Vous n'êtes pas satisfait?
8.	Vous montez les valises.	Je monte les valises?
9.	Vous avez les billets.	J'ai les billets?
10.	Je parle français.	Vous parlez français?

Review 9

Tutor : C'est à l'enfant.   Tutor : Voilà la valise.
Student: C'est aux enfants.   Student: Voilà les valises.

1.	Voilà l'ami de Janine.	Voilà les amis de Janine.
2.	C'est à l'ami de Janine.	C'est aux amis de Janine.
3.	Voilà le billet.	Voilà les billets.
4.	C'est à l'enfant.	C'est aux enfants.
5.	Ecoutez cet enfant.	Ecoutez ces enfants.
6.	Ne lisez pas cette leçon.	Ne lisez pas ces leçons.
7.	Voilà une fiche.	Voilà des fiches.
8.	Où puis-je prendre cette fiche?	Où puis-je prendre ces fiches?
9.	Voilà l'heure de départ.	Voilà les heures de départ.
10.	J'ai un ami français.	J'ai des amis français.
11.	Parlez à la soeur de Janine.	Parlez aux soeurs de Janine.

Written Exercises. (not recorded)

Exercise 1

Replace the definite article (le, l', la, les) with the demonstrative adjective in the following sentences.

Example: Ma valise est dans la   Ma valise est dans cette chambre.
          chambre.

1. Voulez-vous les livres? _____

2. Ecoutez la phrase. _____

3. Que veut dire le mot? _____

4. Je sais la leçon. _____

5. L'hôtel est à gauche. _____

6. Ma place est dans le coin. _____

7. Les enfants sont en classe. _____

8. Ouvrez la fenêtre, s.v.p. _____

9. Asseyez-vous près de la malle. _____

10. Je voudrais faire assurer les
    bagages. _____

Exercise 2

Traduisez en français.

1. I'm coming back Monday morning by the 9 o'clock train.
2. Sit next to Janine.
3. He is going to fill out this form right away.
4. He is leaving this evening.
5. I'm going to take you to the station this evening.
6. I'm going to have the luggage brought up.
7. We are going to arrive a few days later.
8. Ask for the hours of arrival at the information desk.
9. I see the children in the street.
10. The 5:30 pm one is always on time.

Exercise 3

Traduisez en anglais.

1. Vous dois-je quelque chose?
2. Cet employé arrive toujours en avance.
3. Cette date vous convient-elle?
4. Puis-je vous conduire à la gare?
5. Veut-il seulement prendre la malle?
6. Ce café est trop fort.
7. A quelle gare dois-je aller pour prendre le train pour Lille?
8. Me voici! Que voulez-vous?
9. Pourquoi changez-vous de classe le mois prochain?
10. Il veut prendre un ticket de quai pour l'arrivée des enfants.

Unit 4

DIALOGUE

Faisons des courses

Let's go shopping

    faire (faisons)
    course (f)

       to do, to make (let's do)
       errand

It is five o'clock. Mr. Dupré and
Mr. Petit are getting ready to leave the
office. Mr. Dupré has to go downtown.

M. DUPRE

Savez-vous
à quelle heure ferment
les magasins?

Do you know what time the stores close?

    savoir (savez-vous)
    fermer
    magasin (m)

       to know (do you know)
       to close
       store

M. PETIT

Je crois qu'ils
ferment à six heures.

I think they close at six.

    croire (je crois)

       to believe (I believe)

M. DUPRE

Si
je prends un taxi,
j'arriverai à temps.

If I take a taxi I'll get there in time.

    si
    prendre (je prends)
    arriver (j'arriverai)
    à temps

       if
       to take (I take)
       to arrive (I will arrive)
       in time

M. PETIT

Voulez-vous que je
vous dépose
quelque part?

Do you want me to drop you someplace?

    déposer
    quelque part

       to deposit
       somewhere

M. DUPRE

Oh! Je ne voudrais pas
vous déranger.

Oh! I wouldn't want to bother you.

    déranger

       to disturb

M. PETIT

Pas du tout;
je dois
justement aller
en ville.

Not at all. I have to go downtown
anyway.

    justement

    precisely

    ville (f)

    city

M. DUPRE

Alors,
j'accepte
volontiers.

Then I accept gladly.

    accepter

    to accept

    volontiers

    willingly

(Au grand magasin)

(At the department store)

    magasin (m)

    store

    grand

    big, large

M. DUPRE

Je voudrais
des chemises blanches,
encolure quarante.

I'd like some white shirts, size forty.
(16)

    chemise (f)

    shirt

    blanche

    white

    encolure

    neck size

    quarante

    forty

LA VENDEUSE

THE SALES GIRL

Celles-ci sont en solde
à quinze francs.

These are on sale at fifteen francs.

    celles-ci

    these

    en solde

    on sale

    quinze

    fifteen

Nous en
vendons beaucoup
et c'est tout ce qui reste.

We sell a lot of them and this is all we
have left.

    vendre (nous vendons)

    to sell (we sell)

    tout

    all

    rester

    to remain

M. DUPRE

C'est exactement
ce qu'il
me faut.

That's exactly what I need.

exactactement   exactly
falloir (il faut)   to be necessary (it's necessary)

Donnez-m'en quatre.   Let me have four of them.

LA VENDEUSE

Veuillez me
suivre à la caisse,
Monsieur.

Would you follow me to the cash register,
Sir.

    vouloir (veuillez)   to want (would you)
    suivre   to follow
    caisse (f)   cash register

M. DUPRE

Je voudrais aussi
acheter des chaussures.

I'd also like to buy some shoes.

    aussi   also
    acheter   to buy
    chaussures (f)   shoes

LA VENDEUSE

Le
rayon des chaussures
est au rez-de-chaussée.

The shoe department is on the street
floor.

    rayon (m)   department
    rez-de-chaussée (m)   street floor

(Au rayon des chaussures)   (In the shoe department)

M. DUPRE

Avez-vous
des chaussures
à grosses semelles?

Do you have any heavy-soled shoes?

    grosse   heavy, thick, fat
    semelle (f)   sole

LA VENDEUSE

Oui, Monsieur,
si vous voulez
venir par ici.

Yes, Sir, if you would come this way.

    venir   to come
    par ici   this way

Quelle est
votre pointure?

What's your size?

    pointure (f)   shoe size

M. DUPRE

Je chausse
du quarante-deux.

I wear size forty-two.

   chausser

   to wear shoes

MA VENDEUSE

Voici trois modèles
en marron.

Here are three styles in brown.

   modèle (m)

   style

   marron

   brown

Voulez-vous
les essayer?

Do you want to try them on?

   essayer

   to try, to try on

M. DUPRE

Cette paire
me va très bien;
combien coûte-t-elle?

This pair fits me fine; how much is it?

   paire (f)

   pair

   aller (me va)

   to fit (fits me)

   coûter (coûte-t-elle)

   to cost (does it cost)

LA VENDEUSE

Elle n'est pas
chère,
quarante-six francs quatre-
vingt-quinze.

It is not expensive, forty-six francs
ninety-five.

   chère

   expensive

M. DUPRE

Bien, je la prends.

Fine, I'll take it.

DIALOGUE NOTES

French neck size is measured in centimeters. To estimate from American sizes, multiply by 2.5.

For a rough estimate of French shoe size, add 32 to your own size.

USEFUL WORDS

1. Je voudrais du pain.	I would like some bread.
2. Je voudrais de la viande.	I would like some meat.
3. Je voudrais du fromage.	I would like some cheese.
4. Je voudrais de l'aspirine.	I would like some aspirin.
5. Je voudrais du beurre.	I would like some butter.
6. Je voudrais du café.	I would like some coffee.

1. Où trouve-t-on du lait?	Where does one find milk?
2. Où trouve-t-on des oeufs?	Where does one find eggs?
3. Où trouve-t-on des gâteaux?	Where does one fine cakes?
4. Où trouve-t-on du sucre?	Where does one find sugar?
5. Où trouve-t-on de la salade?	Where does one find lettuce?
6. Où trouve-t-on des fruits?	Where does one find fruit?

1. Les médicaments sont chers.	Medicine is expensive.
2. Les vêtements sont chers.	Clothes are expensive.
3. Les bijoux son chers.	Jewelry is expensive.
4. Les manteaux sont chers.	Coats are expensive.
5. Les robes sont chères.	Dresses are expensive.
6. Les costumes sont chers.	Suits are expensive.

1. Où est le linge?	Where is the linen?
2. Où est le sucre?	Where is the sugar?
3. Où est la viande?	Where is the meat?
4. Où est le pain?	Where is the bread?
5. Où est l'aspirine?	Where is the aspirin?
6. Où est la salade?	Where is the salad?

1. Ils sont à la pharmacie.	They are at the pharmacy.
2. Ils sont à la boucherie.	They are at the butcher shop.
3. Ils sont à la boulangerie.	They are at the bakery.
4. Ils sont à la crèmerie.	They are at the dairy.
5. Ils sont à la pâtisserie.	They are at the pastry shop.
6. Ils sont à la bijouterie.	They are at the jewelry store.
7. Ils sont à la blanchisserie.	They are at the laundry.
8. Ils sont à la teinturerie.	They are at the cleaner's.
9. Ils sont à l'épicerie.	They are at the grocery store.

1. Nous allons chez le pharmacien.	We are going to the pharmacist's.
2. Nous allons chez le boucher.	We are going to the butcher's.
3. Nous allons chez le boulanger.	We are going to the baker's.
4. Nous allons chez le crémier.	We are going to the dairy. (man's)
5. Nous allons chez le pâtissier.	We are going to the pastry (maker's).
6. Nous allons chez le bijoutier.	We are going to the jeweler's.
7. Nous allons chez le blanchisseur.	We are going to the laundry. (man's)
8. Nous allons chez le teinturier.	We are going to the cleaner's.
9. Nous allons chez l'épicier.	We are going to the grocer's.
10. Nous allons chez le cordonnier.	We are going to the shoemaker's.
11. Nous allons chez le marchand de légumes.	We are going to the vegetable merchant's.

1. Je vais nettoyer tout ce qui reste. I'm going to clean everything that's left.
2. Je vais réparer tout ce qui reste. I'm going to repair everything that's left.
3. Je vais laver tout ce qui reste. I'm going to wash everything that's left.
4. Je vais repasser tout ce qui reste. I'm going to iron everything that's left.
5. Je vais donner tout ce qui reste. I'm going to give everything that's left.

Vocabulary Awareness (not recorded)

an errand	une course
a store	un magasin
a department store	un grand magasin
the shirt department	le rayon des chemises
the department	le rayon
the shirt	la chemise
the neck size	l'encolure
the shoe size	la pointure
the style	le modèle
to try on shoes	essayer des chaussures
a pair of shoes	une paire de chaussures
a shoe	une chaussure
a sole	une semelle
on sale	en solde
a sale	des soldes
expensive, dear	chère
very expensive	très cher
it is expensive	c'est cher
more expensive	plus cher
the street floor	le rez-de-chaussée
the second floor	le premier étage
this way	par ici
over there	là-bas
somewhere	quelque part
the city	la ville
precisely	justement
exactly	exactement
willingly	volontiers
in time	à temps
on time	à l'heure
late (to be)	en retard (être)
late (it is)	tard (il est)
to accept	accepter
to try on	essayer
to buy	acheter
to go, to fit	aller

it is necessary to	il faut
to repair	réparer
to iron a shirt	repasser une chemise
to clean the suit	nettoyer le costume
to remain	rester

Lexical Drills

Lexical A-1

1. Savez-vous à quelle heure ferment les magasins?
2. Savez-vous à quelle heure part le train?
3. Savez-vous à quelle heure ils arrivent?
4. Savez-vous à quelle heure ferment les bureaux?
5. Savez-vous à quelle heure je peux commencer?
6. Savez-vous à quelle heure il doit arriver?
7. Savez-vous à quelle heure il va venir?
8. Savez-vous à quelle heure je prends le train?
9. Savez-vous à quelle heure nous déjeunons?
10. Savez-vous à quelle heure ferment les magasins?

Lexical A-2

1. Je crois qu'ils ferment à six heures.
2. Je crois qu'ils arrivent à huit heures.
3. Je crois qu'ils ont des places.
4. Je crois qu'elle prend le train.
5. Je crois qu'il est en vacances.
6. Je crois qu'il prend un taxi.
7. Je crois que le taxi est libre.
8. Je crois que je vais en ville.
9. Je crois que c'est tout ce qui reste.
10. Je crois que j'arriverai à temps.
11. Je crois qu'elle chausse du 38.
12. Je crois qu'on loue au premier étage.
13. Je crois qu'ils ferment à 6 heures.

Lexical A-3

1. Si je prends un taxi, j'arriverai à temps.
2. Si je prends un taxi, j'arriverai à l'heure.
3. Si je prends un taxi, j'arriverai à neuf heures.
4. Si je prends un taxi, j'arriverai à midi.
5. Si je prends un taxi, j'arriverai en avance.
6. Si je prends un taxi, j'arriverai à cinq heures.
7. Si je prends un taxi, j'arriverai à six heures.
8. Si je prends un taxi, j'arriverai à temps.

Lexical A-4

1. Voulez-vous que je vous dépose quelque part?
2. Voulez-vous que je vous dépose au magasin?
3. Voulez-vous que je vous dépose chez vous?

4. Voulez-vous que je vous dépose à la gare?
5. Voulez-vous que je vous dépose à l'hôtel?
6. Voulez-vous que je vous dépose au restaurant?
7. Voulez-vous que je vous dépose à la pharmacie?
8. Voulez-vous que je vous dépose quelque part?

Lexical A-5

1. Oh! Je ne voudrais pas vous déranger.
2. Oh! Je ne vais pas vous déranger.
3. Oh! Il ne voudrait pas vous déranger.
4. Oh! Il ne va pas vous déranger.
5. Oh! Nous n'allons pas vous déranger.
6. Oh! Elle ne voudrait pas vous déranger.
7. Oh! Elle ne va pas vous déranger.
8. Oh! Je ne voudrais pas vous déranger.

Lexical A-6

1. Je dois justement aller en ville.
2. Je dois justement acheter quelque chose.
3. Je dois justement déjeuner là-bas.
4. Je dois justement prendre le train.
5. Je dois justement aller au magasin.
6. Je dois justement acheter de l'aspirine.
7. Je dois justement repasser une chemise.
8. Je dois justement réveiller les enfants.
9. Je dois justement prendre un ticket de quai.
10. Je dois justement aller en ville.

Lexical A-7

1. Je dois justement aller en ville.
2. Nous allons justement aller en ville.
3. Il va justement aller en ville.
4. Elle doit justement aller en ville.
5. Je voudrais justement aller en ville.
6. J'espère justement aller en ville.
7. Je vais justement aller en ville.
8. Je dois justement aller en ville.

Lexical A-8

1. Alors, j'accepte volontiers.
2. Alors, je pars volontiers.
3. Alors, nous acceptons volontiers.
4. Alors, je rentre volontiers.
5. Alors, nous écoutons volontiers.
6. Alors, ils acceptent volontiers.
7. Alors, j'écoute volontiers.
8. Alors, j'accepte volontiers.

Lexical A-9

1. Celles-ci sont en solde à quinze francs.
2. Celles-ci sont en solde à onze francs.
3. Celles-ci sont en solde à treize francs.
4. Celles-ci sont en solde à trois francs.
5. Celles-ci sont en solde à douze francs.
6. Celles-ci sont en solde à dix francs.
7. Celles-ci sont en solde à deux francs.
8. Celles-ci sont en solde à six francs.
9. Celles-ci sont en solde à quinze francs.

Lexical A-10

1. Nous en vendons beaucoup.
2. Nous en donnons beaucoup.
3. Nous en demandons beaucoup.
4. Nous en lavons beaucoup.
5. Nous en repassons beaucoup.
6. Nous en louons beaucoup.
7. Nous en réparons beaucoup.
8. Nous en trouvons beaucoup.
9. Nous en vendons beaucoup.

Lexical A-11

1. Donnez-m'en quatre.
2. Donnez-m'en six.
3. Donnez-m'en neuf.
4. Donnez-m'en dix.
5. Donnez-m'en deux.
6. Donnez-m'en une.
7. Donnez-m'en cinq.
8. Donnez-m'en huit.
9. Donnez-m'en quatre.

Lexical A-12

1. C'est exactement ce qu'il me faut. Donnez-m'en quatre.
2. C'est exactement ce qu'il me faut. Trouvez-m'en quatre.
3. C'est exactement ce qu'il me faut. Apportez-m'en deux.
4. C'est exactement ce qu'il me faut. Achetez-m'en trois.
5. C'est exactement ce qu'il me faut. Montez-m'en cinq.
6. C'est exactement ce qu'il me faut. Donnez-m'en plusieurs.
7. C'est exactement ce qu'il me faut. Achetez-m'en quatre.
8. C'est exactement ce qu'il me faut. Donnez-m'en quatre.

Lexical A-13

1. Je voudrais aussi acheter des chaussures.
2. Je voudrais aussi trouver un taxi.
3. Je voudrais aussi trouver mon ami.
4. Je voudrais aussi essayer ce costume.
5. Je voudrais aussi présenter mon ami.
6. Je voudrais aussi remercier mes amis.
7. Je voudrais aussi retenir mes places.
8. Je voudrais aussi commencer plus tard.
9. Je voudrais aussi changer de chambre.
10. Je voudrais aussi acheter des chaussures.

Lexical A-14

1. Voici trois modèles en marron.
2. Voici deux modèles en marron
3. Voici plusieurs modèles en marron.
4. Voici quelques modèles en marron.

5. Voici un modèle en marron.
6. Voici des modèles en marron.
7. Voici le modèle en marron.
8. Voici les modèles en marron.
9. Voici trois modèles en marron.

Lexical A-15

1. Voulez-vous les essayer?
2. Voulez-vous les prendre?
3. Voulez-vous les suivre?
4. Voulez-vous les apporter?
5. Voulez-vous les écouter?
6. Voulez-vous les excuser?
7. Voulez-vous les réveiller?
8. Voulez-vous les présenter?
9. Voulez-vous les réparer?
10. Voulez-vous les essayer?

*Lexical B-1

1. Je crois qu'ils ferment à six heures.
2. Je crois qu'il part à six heures.
3. Je crois qu'il part à midi.
4. Je crois qu'on déjeune à midi.
5. Je crois qu'on déjeune à deux heures.
6. Je crois qu'ils arrivent à deux heures.
7. Je crois qu'ils arrivent à dix heures.
8. Je crois que vous partez à dix heures.
9. Je crois que vous partez à trois heures.
10. Je crois que j'arriverai à trois heures.
11. Je crois que j'arriverai à six heures.
12. Je crois qu'ils ferment à six heures.

*Lexical B-2

1. Je dois justement aller en ville.
2. Je dois justement prendre les billets.
3. Nous allons justement prendre les billets.
4. Nous allons justement déjeuner avec eux.
5. J'espère justement déjeuner avec eux.
6. J'espère justement parler à mon ami.
7. Il doit justement parler à mon ami.
8. Il doit justement retenir les places.
9. Je dois justement retenir les places.
10. Je dois justement aller en ville.

*Lexical B-3

1. C'est exactement ce qu'il me faut.
2. Voilà exactement ce qu'il me faut.
3. Voilà exactement ce qu'il reste.
4. Je vois exactement ce qu'il reste.

5. Je vois exactement ce que vous voulez.
6. Nous avons exactement ce que vous voulez.
7. Nous avons exactement ce que vous demandez.
8. Voilà exactement ce que vous demandez.
9. Voilà exactement ce qu'il me faut.
10. C'est exactement ce qu'il me faut.

*Lexical B-4

1. Le rayon des chaussures est au rez-de-chaussée.
2. Le bureau de renseignements est au rez-de-chaussée.
3. Le bureau de renseignements est en face.
4. Le Café de Paris est en face.
5. Le Café de Paris est près d'ici.
6. L'Hôtel du Midi est près d'ici.
7. L'Hôtel du Midi est là-bas.
8. Le guichet 12 est là-bas.
9. Le guichet 12 est par ici.
10. Le rayon des chaussures est par ici.
11. Le rayon des chaussures est au rez-de-chaussée.

*Lexical B-5

1. Nous en vendons beaucoup.
2. Ils en ont beaucoup.
3. Ils en ont plusieurs.
4. Nous en donnons plusieurs.
5. Nous en donnons cinq.
6. Ils en font cinq.
7. Ils en font douze.
8. Nous en avons douze.
9. Nous en avons beaucoup.
10. Nous en vendons beaucoup.

*Lexical B-6

1. Donnez-m'en quatre.
2. Apportez-m'en quatre.
3. Apportez-m'en deux.
4. Trouvez-m'en deux.
5. Trouvez-m'en six.
6. Vendez-m'en six.
7. Vendez-m'en trois.
8. Achetez-m'en trois.
9. Achetez-m'en quatre.
10. Donnez-m'en quatre.

*Lexical B-7

1. Voulez-vous les essayer?
2. Allez-vous les essayer?
3. Allez-vous les réveiller?
4. Puis-je les réveiller?
5. Puis-je les nettoyer?
6. Allons-nous les nettoyer?
7. Allons-nous les accepter?
8. Va-t-on les accepter?
9. Va-t-on les essayer?
10. Voulez-vous les essayer?

*Lexical B-8

1. Je voudrais aussi acheter des chaussures.
2. Elle va aussi acheter des chaussures.
3. Elle va aussi repasser le linge.
4. Je dois aussi repasser le linge.

5. Je dois aussi <u>trouver un taxi</u>.
6. <u>Il faut</u> aussi trouver un taxi.
7. Il faut aussi <u>changer de chambre</u>.
8. <u>Nous espérons</u> aussi changer de chambre.
9. Nous espérons aussi <u>rentrer la semaine prochaine</u>.
10. <u>Je voudrais</u> aussi rentrer la semaine prochaine.
11. Je voudrais aussi <u>acheter des chaussures</u>.

Questions on the Dialogue

1. Où sont M. Dupré et M. Petit?
   M. Dupré et M. Petit sont dans leur bureau.
2. Où M. Dupré doit-il aller?
   Il doit aller en ville.
3. A quelle heure les magasins ferment-ils?
   Ils ferment à six heures.
4. Pourquoi M. Dupré veut-il prendre un taxi?
   Pour arriver à temps.
5. Où M. Petit doit-il aller?
   Il doit aller en ville.
6. Avec qui M. Dupré va-t-il en ville?
   Il va en ville avec M. Petit.
7. M. Dupré va-t-il prendre un taxi?
   Non, M. Petit va déposer M. Dupré en ville.
8. M. Dupré voudrait-il des chemises vertes?
   Non, il voudrait des chemises blanches.
9. Combien de chemises veut-il?
   Il veut quatre chemises.
10. Sont-elles en solde?
    Oui, elles sont en solde.
11. Combien coûtent-elles?
    Elles coûtent 15 francs.
12. Est-ce qu'il reste beaucoup de chemises?
    Non, il ne reste pas beaucoup de chemises.
13. M. Dupré va-t-il acheter des chemises?
    Oui, il va acheter des chemises.
14. Combien de chemises va-t-il acheter?
    Il va acheter 4 chemises.
15. Voudrait-il autre chose?
    Oui, il voudrait aussi acheter des chaussures.
16. Où est le rayon des chaussures?
    Il est au rez-de-chaussée.
17. Y a-t-il des chaussures à grosses semelles?
    Oui, il y a des chaussures à grosses semelles.
18. Du combien M. Dupré chausse-t-il?
    Il chausse du 42.
19. Les modèles sont-ils en blanc?
    Non, ils sont en marron.
20. Achète-t-il 3 paires de chaussures?
    Non, il achète une paire de chaussures.
21. Combien coûte la paire de chaussures?
    Elle coûte 46,95 francs.
22. Est-ce que c'est cher?
    Non, ce n'est pas cher.

Grammar 1: Noun-Markers

Grammar Note

e. Possessive adjectives.

In French, the possessive adjectives (my, his, her, our, etc..) agree in gender and number with the noun which follows.

Example:

$$his \ brother \brace her \ brother \Big\rangle \ \ son \ frère$$

$$his \ sister \brace her \ sister \Big\rangle \ \ sa \ soeur$$

The set of possessive adjectives shows the following shapes:

		Before a singular noun beginning with		Before a plural noun.
		a vowel	a consonant	
My	if noun is feminine	mon	ma	mes
	if noun is masculine		mon	
His Her Its One's	if noun is feminine	son	sa	ses
	if noun is masculine		son	
Our		notre		nos
Your		votre		vos
Their		leur		leurs

Note that the forms for <u>our</u>, <u>your</u>, <u>their</u> are the same whether the following noun is feminine or masculine.

Noun-Markers Review

We have learned that:

Singular | A feminine noun beginning with a consonant can be preceded by: <u>la</u> or <u>une</u> or <u>cette</u> or <u>ma</u>, <u>sa</u>, <u>notre</u>, <u>votre</u>, <u>leur</u>.

Singular	A masculine noun beginning with a consonant can be preceded by <u>le</u> or <u>un</u> or <u>ce</u> or <u>mon</u>, <u>son</u>, <u>notre</u>, <u>votre</u>, <u>leur</u>.
	Any noun beginning with a vowel can be preceded by <u>l'</u> or <u>un/une</u> or <u>cet/cette</u> or <u>mon</u>, <u>son</u>, <u>notre</u>, <u>votre</u>, <u>leur</u>.
Plural	Nouns can be preceded by <u>les</u> or <u>des</u> or <u>ces</u> or <u>mes</u>, <u>ses</u>, <u>nos</u>, <u>vos</u>, <u>leurs</u>.

Learning Drills

Learning 1

1. Voilà ma valise.
2. Voilà mes valises.
3. Voilà ma soeur.
4. Voilà mes soeurs.
5. Voilà mon frère.
6. Voilà mes frères.
7. Voilà mon livre.
8. Voilà mes livres.

Learning 2

1. C'est mon ami.
2. C'est mon hôtel.
3. C'est mon étage.
4. C'est mon épicier.
5. C'est mon épicerie.
6. C'est mon encolure.
7. C'est mon ami.

Learning 3

1. Où est votre valise?
2. Où est votre frère?
3. Où est votre soeur?
4. Où est notre valise?
5. Où est notre compartiment?
6. Où est notre monnaie?
7. Où est notre malle?
8. Où est notre taxi?

Learning 4

1. Où est leur soeur?
2. Où est leur frère?
3. Où est leur valise?
4. Où est leur compartiment?
5. Où est leur hôtel?
6. Où est leur ami?
7. Où est leur malle?
8. Où est leur bureau?

Learning 5

1. Où sont leurs soeurs?
2. Où sont leurs frères?
3. Où sont leurs parents?
4. Où sont leurs bagages?
5. Où sont leurs places?
6. Où sont leurs billets?
7. Où sont leurs livres?
8. Où sont leurs couchettes?

Learning 6

1. Nos amis sont ici.
2. Vos enfants sont ici.
3. Vos bagages sont ici.
4. Nos billets sont ici.
5. Vos enfants sont ici.
6. Nos fiches sont ici.
7. Vos valises sont ici.
8. Nos amis sont ici.

Learning 7

1. Ils sont avec ma soeur.
2. Ils sont avec sa soeur.
3. Ils sont avec mon frère.
4. Ils sont avec son frère.
5. Ils sont avec mes soeurs.
6. Ils sont avec ses soeurs.

7. Ils sont avec mes frères.
8. Ils sont avec ses frères.

Learning 8	Learning 9
1. Où sont mes amis?	1. Voilà mes amis.
2. Où sont ses amis?	2. Voilà mon ami.
3. Où sont leurs amis?	3. Voilà notre ami.
4. Où sont nos amis?	4. Voilà nos amis.
5. Où sont vos amis?	5. Voilà son ami.
6. Où sont mes amis?	6. Voilà ses amis.
	7. Voilà leur ami.
	8. Voilà leurs amis.
	9. Voilà votre ami.

Practice Drills

Practice A-1

Tutor   : Nos valises sont à l'hôtel.
Student: Notre valise est à l'hôtel.

1. Vos valises sont blanches.	Votre valise est blanche.
2. Mes valises sont à la gare.	Ma valise est à la gare.
3. Ses valises sont vertes.	Sa valise est verte.
4. Leurs valises sont chères.	Leur valise est chère.
5. Nos enfants sont en vacances.	Notre enfant est en vacances.
6. Vos amis sont ici.	Votre ami est ici.
7. Ses amis sont français.	Son ami est français.
8. Leurs amis sont à l'hôtel.	Leur ami est à l'hôtel.

Practice A-2

Tutor   : Vous avez votre billet?
Student: Oui, j'ai mon billet.

1. Vous avez vos livres?	Oui, j'ai mes livres.
2. Vous avez votre fiche?	Oui, j'ai ma fiche.
3. Vous avez votre place?	Oui, j'ai ma place.
4. Vous avez vos valises?	Oui, j'ai mes valises.
5. Vous avez votre ticket de quai?	Oui, j'ai mon ticket de quai.
6. Vous avez votre livre?	Oui, j'ai mon livre.
7. Vous avez vos bagages?	Oui, j'ai mes bagages.

Practice A-3

Tutor   : C'est la valise de votre soeur?
Student: Oui, c'est sa valise.

1. C'est le frère de Janine?	Oui, c'est son frère.
2. C'est la place de votre ami?	Oui, c'est sa place.
3. C'est le bureau du gérant?	Oui, c'est son bureau.
4. C'est la soeur de Janine?	Oui, c'est sa soeur.
5. C'est le manteau de Janine?	Oui, c'est son manteau.

6. C'est la chambre de votre frère?   Oui, c'est sa chambre.
7. C'est le livre de votre soeur?   Oui, c'est son livre.

Practice A-4

Tutor   :   Les parents de Janine sont ici.
Student: Ses parents sont ici.

1. La mère de Janine est à Paris.   Sa mère est à Paris.
2. Le père de Janine est au bureau.   Son père est au bureau.
3. Les soeurs de Janine sont en vacances.   Ses soeurs sont en vacances.
4. La fille de mes amis est en vacances.   Leur fille est en vacances.
5. Les fils de mes amis sont en vacances.   Leurs fils sont en vacances.
6. L'ami de mes fils est ici.   Leur ami est ici.
7. L'ami de mes filles est ici.   Leur ami est ici.
8. Les amis de ma fille sont ici.   Ses amis sont ici.
9. Les amis de mon fils sont à Paris.   Ses amis sont à Paris.
10. L'ami de Janine est ici.   Son ami est ici.
11. L'ami de mon frère est à Lille.   Son ami est à Lille.
12. La chambre de mon père est au premier étage.   Sa chambre est au premier étage.
13. La chambre de ma soeur est à gauche.   Sa chambre est à gauche.
14. La chambre de mon ami est à gauche.   Sa chambre est à gauche.
15. Les amis de M. et Mme Lelong arrivent.   Leurs amis arrivent.
16. Les enfants de M. et Mme Lelong arrivent.   Leurs enfants arrivent.
17. Les chambres de mes frères sont au premier étage.   Leurs chambres sont au premier étage.

Practice A-5

1. J'ai la chambre six; c'est ma chambre.
2. Il a la chambre six; c'est sa chambre.
3. Nous avons la chambre six; c'est notre chambre.
4. Ils ont la chambre six; c'est leur chambre.
5. Elle a la chambre six; c'est sa chambre.
6. Il a la chambre six; c'est sa chambre.
7. Elles ont la chambre six; c'est leur chambre.
8. Vous avez la chambre six; c'est votre chambre.

Practice A-6

Tutor   :   Votre chambre et ma chambre sont petites.
Student: Nos chambres sont petites.

1. Les valises de mon ami sont à l'enregistrement.   Ses valises sont à l'enregistrement.

2. Ma valise et la valise de mon   Nos valises sont à l'enregistrement.
   ami sont à l'enregistrement.
3. Votre valise et la valise de   Vos valises sont à l'enregistrement.
   votre ami sont à l'enregistre-
   ment.
4. Votre valise et la valise de   Vos valises sont ici.
   votre ami sont ici.
5. Le taxi de votre ami est ici.   Son taxi est ici.
6. Les bagages de mes parents   Leurs bagages arrivent ce soir.
   arrivent ce soir.
7. La chambre de mon frère et ma   Nos chambres sont au premier étage.
   chambre sont au premier étage.
8. La valise de votre ami est   Sa valise est dans le compartiment
   dans le compartiment à côté.   à côté.
9. Les bagages de mes parents   Leurs bagages arrivent ce soir.
   arrivent ce soir.
10. La chambre de mon frère et ma   Nos chambres sont au premier étage.
    chambre sont au premier étage.

Practice A-7

Tutor   : J'ai les billets de vos amis.
Student: Vous avez leurs billets?

1. J'ai le billet de votre ami.   Vous avez son billet?
2. J'ai votre billet.   Vous avez mon billet?
3. J'ai mon billet.   Vous avez votre billet?
4. J'ai la fiche de vos amis.   Vous avez leur fiche?
5. J'ai les fiches de votre ami.   Vous avez ses fiches?
6. J'ai votre billet et le billet   Vous avez nos billets?
   de votre ami.
7. J'ai mon billet et le billet de   Vous avez vos billets?
   mon ami.
8. J'ai ma valise.   Vous avez votre valise?
9. J'ai la valise de votre soeur.   Vous avez sa valise?

Practice A-8

1. Je n'ai pas mes bagages.
2. Il n'a pas ses bagages.
3. Nous n'avons pas nos bagages.
4. Vous n'avez pas vos bagages.
5. Ils n'ont pas leurs bagages.
6. Elle n'a pas ses bagages.
7. Je n'ai pas mes bagages.
8. Elles n'ont pas leurs bagages.

Practice A-9

Tutor   : Votre fille est ici?
Student: Oui, ma fille est ici.

1. Vous avez vos bagages?   Oui, j'ai mes bagages.
2. Ils ont leurs bagages?   Oui, ils ont leurs bagages.

3. Ma valise est au premier étage?   Oui, votre valise est au premier étage.
4. Vous avez le billet de votre   Oui, j'ai son billet.
ami?
5. C'est la chambre de votre ami?   Oui, c'est sa chambre.
6. Votre ami a-t-il votre billet?   Oui, il a mon billet.
7. Janine a-t-elle la valise des   Oui, elle a leur valise.
enfants?
8. A-t-on les billets des enfants?   Oui, on a leurs billets.
9. Vous avez votre livre?   Oui, j'ai mon livre.
10. Vous avez mes livres?   Oui, j'ai vos livres.

*Practice B-1

1. Nos valises sont ici.
2. Notre valise est là-bas.
3. Vos amis sont là-bas.
4. Votre ami est en retard.
5. Mes frères sont en retard.
6. Mon frère est en vacances.
7. Leurs enfants sont en vacances.
8. Leur enfant est là-bas.
9. Vos soeurs sont là-bas.
10. Votre soeur est ici.
11. Nos valises sont ici.

Grammar 2: Noun Markers

Grammar Note

f. Indefinite articles 'du, de la ... etc ...'

Avez-vous des nouvelles?
On achète de l'aspirine chez le pharmacien.
On trouve du sucre à l'épicerie.
On achète de la viande chez le boucher.

In Unit 3, grammar note 2, we have learned the preposition à followed by a definite article (à la, au, etc ...). We are now going to study the preposition de followed by a definite article.

Here are the shapes:

Singular:

de la before a feminine noun beginning with a consonant.

Je voudrais de la viande.   I would like some meat.

du before a masculine noun beginning with a consonant.

Je voudrais du pain.   I would like some bread.

de l' before any noun beginning with a vowel.

Je voudrais de l'aspirine.   I would like some aspirin.

Plural:

des before masculine and feminine nouns.

Je voudrais des gâteaux.   I would like some cakes.

du, de la, de l', des have different equivalents in English:

1. some, any (indicating quantity)

   Voulez-vous du beurre?   Do you want some butter?
   Avez-vous de la viande?   Do you have any meat?
                                              (see L.1,2-Gr.2)

The English equivalent for des might sometimes be omitted in English. For practical purposes we have translated it by some or any.

   Avez-vous des bagages?   Do you have any luggage?
                                  Do you have luggage?

2. from the

   M. Lelong rentre de la gare.   Mr. Lelong is coming back from the
                                  station.
   Cette rue va de l'hôtel à   This street goes from the hotel to
   la gare.   the station.

3. possessive case

   C'est le frère du boucher.   He is the butcher's brother.
   C'est la fenêtre de l'hôtel.   It's the hotel window.
   C'est la chambre des   It's the children's room.
   enfants.   (see L.5-Gr.2)

		before a consonant	before a vowel
Singular	masculine	du	de l'
	feminine	de la	
Plural	masculine & feminine	des	

Learning Drills

Learning 1

1. Voulez-vous du beurre?
2. Voulez-vous du lait?
3. Voulez-vous du pain?
4. Voulez-vous du café?
5. Voulez-vous du sucre?
6. Voulez-vous du fromage?
7. Voulez-vous du beurre?

Learning 2

1. Avez-vous de la viande?
2. Avez-vous de la salade?
3. Avez-vous de la crème?
4. Avez-vous de la monnaie?
5. Avez-vous de l'aspirine?
6. Avez-vous de la viande?

Learning 3

1. Ils sont près du bureau.
2. Ils sont près du restaurant.
3. Ils sont près du café.
4. Ils sont près du magasin.
5. Ils sont près du guichet.
6. Ils sont près du wagon.
7. Ils sont près du bureau.

Learning 4

1. C'est à côté de la boulangerie.
2. C'est à côté de la pâtisserie.
3. C'est à côté de la boucherie.
4. C'est à côté de la gare.
5. C'est à côté de la valise.
6. C'est à côté de la bijouterie.
7. C'est à côté de la pharmacie.
8. C'est à côté de l'épicerie.
9. C'est à côté de l'hôtel.
10. C'est à côté de la boulangerie.

Learning 5

1. C'est le frère du boucher.
2. C'est le frère du boulanger.
3. C'est le frère du pâtissier.
4. C'est le frère du bijoutier.
5. C'est le frère du pharmacien.
6. C'est le frère du gérant.
7. C'est le frère du boucher.

Learning 6

1. Est-ce que vous avez des bagages?
2. Est-ce que vous avez des livres?
3. Est-ce que vous avez des places?
4. Est-ce que vous avez des couchettes?
5. Est-ce que vous avez des billets?
6. Est-ce que vous avez des vacances?
7. Est-ce que vous avez des bagages?

Learning 7

1. Je voudrais du café.
2. Je voudrais de la viande.
3. Je voudrais des vacances.
4. Je voudrais de l'aspirine.
5. Je voudrais de la monnaie.
6. Je voudrais des oeufs.
7. Je voudrais de la crème.
8. Je voudrais des gâteaux.
9. Je voudrais du pain.
10. Je voudrais de l'aspirine.
11. Je voudrais du fromage.
12. Je voudrais des bijoux.
13. Je voudrais de la salade.

Practice Drills

Practice A-1   Practice A-2

1. Avez-vous de la viande?   1.   Avez-vous des gâteaux?
2. Avez-vous du pain?   2.   Avez-vous du lait?
3. Avez-vous de la salade?   3.   Avez-vous de la salade?
4. Avez-vous du café?   4.   Avez-vous de l'aspirine?
5. Avez-vous du beurre?   5.   Avez-vous du fromage?
6. Avez-vous de la crème?   6.   Avez-vous des vacances?
7. Avez-vous du fromage?   7.   Avez-vous du pain?
8. Avez-vous du sucre?   8.   Avez-vous de la viande?
                                 9.   Avez-vous des nouvelles?
                                 10. Avez-vous du sucre?
                                 11. Avez-vous de l'aspirine?
                                 12. Avez-vous des billets?
                                 13. Avez-vous de la crème?

Practice A-3

1. C'est près du café.
2. C'est près de la boucherie.
3. C'est près de la blanchisserie.
4. C'est près de l'hôtel.
5. C'est près de la gare.
6. C'est près de la pharmacie.
7. C'est près du guichet.
8. C'est près du wagon-lit.
9. C'est près de la boulangerie.
10. C'est près du restaurant.
11. C'est près de l'épicerie.
12. C'est près du magasin.
13. C'est près de la pâtisserie.

Grammar 3:   Numbers to 100

Grammar Note

The cardinal number noun-markers from 20 to 100 are as follows in their
isolation forms:

Note the following forms:

20	vingt	21	vingt et un
30	trente	31	trente et un
40	quarante	41	quarante et un
50	cinquante	51	cinquante et un
60	soixante	61	soixante et un
70	soixante-dix	71	soixante et onze
80	quatre-vingts	81	quatre-vingt un
90	quatre-vingt-dix	91	quatre-vingt onze
100	cent	101	cent un

All other forms are composed of the numbers from 1 through 19 postposed:

22	vingt-deux
23	vingt-trois
24	vingt-quatre
25	vingt-cinq
26	vingt-six
27	vingt-sept
28	vingt-huit
29	vingt-neuf
32	trente-deux
42	quarante-deux
52	cinquante-deux
62	soixante-deux
72	soixante-douze

Learning Drills

Learning 1

1. Ça fait 5 francs.
2. Ça fait 40 francs.
3. Ça fait 45 francs.
4. Ça fait 100 francs.
5. Ça fait 145 francs.

Learning 2

1. Ça fait 1 franc.
2. Ça fait 21 francs.
3. Ça fait 20 francs.
4. Ça fait 80 francs.
5. Ça fait 81 francs.
6. Ça fait 100 francs.
7. Ça fait 180 francs.
8. Ça fait 181 francs.

Learning 3

1. Ça fait 1 franc.
2. Ça fait 60 francs.
3. Ça fait 61 francs.
4. Ça fait 11 francs.
5. Ça fait 60 francs.
6. Ça fait 71 francs.
7. Ça fait 10 francs.
8. Ça fait 80 francs.
9. Ça fait 91 francs.

Learning 4

1. Ça coûte 100 francs.
2. Ça coûte 1 franc.
3. Ça coûte 101 francs.
4. Ça coûte 106 francs.
5. Ça coûte 105 francs.
6. Ça coûte 20 francs.
7. Ça coûte 1 franc.
8. Ça coûte 21 francs.
9. Ça coûte 100 francs.
10. Ça coûte 121 francs.

Learning 5

1. Il a 80 ans.
2. Il a 10 ans.
3. Il a 6 ans.
4. Il a 70 ans.
5. Il a 90 ans.
6. Il a 3 ans.
7. Il a 2 ans.

Learning 6

1. Il a 10 ans.
2. Il a 101 ans.
3. Il a 60 ans.
4. Il a 61 ans.
5. Il a 50 ans.
6. Il a 51 ans.
7. Il a 30 ans.
8. Il a 31 ans.
9. Il a 20 ans.

10. Il a 21 ans.
11. Il a 20 ans.
12. Il a 40 ans.
13. Il a 41 ans.

Learning 7

1. Donnez-m'en 7.
2. Donnez-m'en 9.
3. Donnez-m'en 8.
4. Donnez-m'en 17.
5. Donnez-m'en 18.
6. Donnez-m'en 30.
7. Donnez-m'en 40.
8. Donnez-m'en 50.
9. Donnez-m'en 60.

Learning 8

1. Donnez-m'en 6.
2. Donnez-m'en 10.
3. Donnez-m'en 70.
4. Donnez-m'en 90.
5. Donnez-m'en 36.
6. Donnez-m'en 56.
7. Donnez-m'en 86.

Learning 9

1. Nous en avons 5.
2. Nous en avons 4.
3. Nous en avons 9.
4. Nous en avons 11.
5. Nous en avons 12.
6. Nous en avons 13.
7. Nous en avons 16.
8. Nous en avons 2.
9. Nous en avons 100.
10. Nous en avons 5.

Practice Drills

Practice A-1

Tutor   : Combien font 11 et 1?
Student: 11 et 1 font 12.

1. Combien font 10 et 2?	10 et 2 font 12.
2. Combien font 6 et 4?	6 et 4 font 10.
3. Combien font 5 et 6?	5 et 6 font 11.
4. Combien font 12 et 1?	12 et 1 font 13.
5. Combien font 15 et 5?	15 et 5 font 20.
6. Combien font 2 et 1?	2 et 1 font 3.
7. Combien font 10 et 2?	10 et 2 font 12.
8. Combien font 3 et 3?	3 et 3 font 6.
9. Combien font 1 et 11?	1 et 11 font 12.
10. Combien font 3 et 12?	3 et 12 font 15.
11. Combien font 11 et 2?	11 et 2 font 13.
12. Combien font 13 et 3?	13 et 3 font 16.
13. Combien font 6 et 6?	6 et 6 font 12.
14. Combien font 5 et 5?	5 et 5 font 10.

Practice A-2

Lisez:
1. 10 - 10 - 12
2. 12 - 2 - 10
3. 2 - 10 - 12
4. 10 - 12 - 2
5. 12 - 12 - 10
6. 2 - 2 - 12
7. 2 - 2 - 2
8. 12 - 10 - 12
9. 13 - 3 - 30
10. 3 - 13 - 30
11. 30 - 3 - 13
12. 13 - 13 - 30
13. 3 - 3 - 13
14. 30 - 30 - 13
15. 13 - 3 - 3
16. 13 - 13 - 13
17. 6 - 16 - 7
18. 7 - 16 - 6
19. 16 - 7 - 6
20. 6 - 6 - 7
21. 16 - 7 - 7
22. 16 - 6 - 6
23. 7 - 7 - 6
24. 16 - 6 - 6

Practice A-3

Lisez:
1. 21 - 81 - 91
2. 91 - 81 - 21
3. 21 - 81 - 21
4. 81 - 91 - 81
5. 21 - 81 - 21
6. 61 - 71 - 111
7. 71 - 111 - 111
8. 111 - 71 - 111
9. 61 - 71 - 111
10. 61 - 111 - 71
11. 116 - 76 - 106
12. 76 - 116 - 116
13. 106 - 116 - 76
14. 76 - 106 - 106
15. 116 - 76 - 116

Practice A-4

Lisez:
1. 21 - 101 - 81
2. 91 - 71 - 81
3. 61 - 21 - 31
4. 71 - 91 - 111
5. 90 - 91 - 92
6. 21 - 22 - 23
7. 81 - 82 - 83
8. 41 - 14 - 40
9. 13 - 30 - 3
10. 33 - 103 - 53
11. 19 - 18 - 16
12. 15 - 14 - 4
13. 88 - 68 - 108
14. 78 - 108 - 68
15. 38 - 48 - 28
16. 88 - 108 - 18
17. 99 - 29 - 89
18. 19 - 49 - 79
19. 100 - 5 - 120
20. 5 - 100 - 101

Practice A-5

Tutor : 8 - 10
Student: 9

1. 10 - 12
2. 20 - 22
3. 60 - 62
4. 30 - 32
5. 39 - 41
6. 70 - 72
7. 69 - 71
8. 80 - 82
9. 20 - 22
10. 79 - 81
11. 89 - 91
12. 99 - 101

Practice A-6 (not recorded)

Ecrivez:

```
12- 2- 10- 10- 12- 6- 16- 6- 6-
61- 61- 71- 111- 66- 106- 116- 106- 66-
101- 105- 111- 71- 111- 101- 61- 101- 71- 66-
41- 105- 111- 71- 111- 101- 61- 101- 71- 111-

199- 169- 109- 171- 111- 166- 160-
103- 113- 140- 161- 183- 181- 182- 181- 192-
133- 153- 147- 112- 119- 116- 121- 134-
149- 150- 105- 148- 184- 114- 174-
113- 115- 165- 193- 198- 177- 166-
```

Practice A-7

| Tutor : 11 | Tutor : 5 | Tutor : 92 |
| Student: 21 | Student: 15 | Student: 102 |

```
61- 80- 101- 1- 56- 106-
3- 19- 11- 32- 67- 88- 121-
71- 91- 189- 154- 6- 12- 54-
```

Practice A-8

Tutor : J'ai 100 francs.
Student: J'ai 105 francs.

1. Elle a 29 ans.   Elle a 34 ans.
2. Il me faut 1 heure.   Il me faut 6 heures.
3. J'ai 105 francs.   J'ai 110 francs.
4. J'ai 24 ans.   J'ai 29 ans.
5. Il me reste 100 francs.   Il me reste 105 francs.
6. J'ai 95 francs.   J'ai 100 francs.
7. Il me faut 145 heures.   Il me faut 150 heures.
8. Il a 76 ans.   Il a 81 ans.
9. J'ai 175 francs.   J'ai 180 francs.
10. J'ai 111 francs.   J'ai 116 francs.
11. Il me faut 14 heures.   Il me faut 19 heures.

Practice A-9

Tutor : Le train part à 4 heures du soir.
Student: Le train part à 16 heures.

1. Le train de Paris arrive à 5   Le train de Paris arrive à 17 heures.
    heures du soir.
2. Mon train part à 8 heures du   Mon train part à 8 heures.
    matin.
3. Le train part à 8 heures et   Le train part à 20 heures 30.
    demie du soir.
4. Le train arrive à 2 heures du   Le train arrive à 2 heures.
    matin.
5. Nous arrivons par le train de   Nous arrivons par le train de 16 heures.
    4 heures du soir.

6. Le train part à 11 heures du soir.   Le train part à 23 heures.

7. Le train arrive à 4 heures du matin.   Le train arrive à 4 heures.

8. Le train arrive à Paris à 7 heures et demie du matin.   Le train arrive à Paris à 7 heures 30.

9. Le train part à midi cinq.   Le train part à 12 heures 05.

10. Le train arrive à midi moins dix.   Le train arrive à 11 heures 50.

Grammar 4: Prepositions: chez/à

Grammar Note

Voulez-vous aller au café?
On achète du fromage chez le crémier.
On trouve des médicaments à la pharmacie.

The form chez, like the forms à and de, is a preposition and occurs before nouns and pronouns. However, chez occurs only before a noun (or pronoun) which refers to a person, à has no such restriction.

chez (a person)   'at, to a person's house, home, office, store, place of business, etc.'

à (a place)   'at, to a place, etc.'

Je vais chez le boulanger.   'I'm going to the baker's.'
Je vais à la boulangerie.   'I'm going to the bakery.'

On fait nettoyer les costumes chez le teinturier.   'You have your suits cleaned at the dry cleaner's.'
On fait nettoyer les costumes à la teinturerie.   'You have your suits cleaned at the dry cleaning shop.'

In fact, the two forms:

Je vais chez le boulanger - Je vais à la boulangerie

have exactly the same meaning, but the two prepositions are not interchangeable.

Learning Drills

Learning 1

1. Nous allons chez le boucher.
2. Nous allons chez l'épicier.
3. Nous allons chez le pharmacien.
4. Nous allons chez le boulanger.
5. Nous allons chez le marchand de légumes.
6. Nous allons chez le cordonnier.
7. Nous allons chez le crémier.
8. Nous allons chez M. Durand.
9. Nous allons chez Mme Lelong.
10. Nous allons chez Mlle Courtois.
11. Nous allons chez leurs amis.
12. Nous allons chez Janine.

Learning 2

1. Ils sont chez eux.
2. Ils sont chez moi.
3. Ils sont chez vous.
4. Ils sont chez nous.
5. Ils sont chez Janine.
6. Ils sont chez mon ami.
7. Ils sont chez M. Durand.

Learning 3

1. Je vais à la boulangerie.
2. Je vais à la pharmacie.
3. Je vais à l'hôtel.
4. Je vais à l'épicerie.
5. Je vais à la bijouterie.
6. Je vais à la crémerie.
7. Je vais à la boucherie.
8. Je vais à la pâtisserie.

Learning 4

1. Ils sont à la pharmacie.
2. Ils sont chez le pharmacien.
3. Ils sont à la boucherie.
4. Ils sont chez le boucher.
5. Ils sont à la pâtisserie.
6. Ils sont chez le pâtissier.
7. Ils sont à la boulangerie.
8. Ils sont chez le boulanger.
9. Ils sont à l'épicerie.
10. Ils sont chez l'épicier.
11. Ils sont à la crémerie.
12. Ils sont chez le crémier.

Practice Drills

Practice A-1

Tutor : Il va à la pâtisserie.
Student: Il va chez le pâtissier.

1. Il va à la crémerie.　　　　Il va chez le crémier.
2. Ils sont à la boucherie.　　Ils sont chez le boucher.
3. Elle est à l'épicerie.　　　Elle est chez l'épicier.
4. Je vais à la blanchisserie.　Je vais chez le blanchisseur.
5. Il est à la bijouterie.　　　Il est chez le bijoutier.
6. Nous sommes à la boulangerie.　Nous sommes chez le boulanger.
7. Elle va à la teinturerie.　　Elle va chez le teinturier.
8. Il va à la pâtisserie.　　　Il va chez le pâtissier.

Practice A-2

1. Il va à la pâtisserie.
2. Il va chez le pâtissier.
3. Il va à la gare.
4. Il va chez le boucher.
5. Il va à la boucherie.
6. Il va chez le bijoutier.
7. Il va chez le blanchisseur.
8. Il va à la blanchisserie.
9. Il va chez le cordonnier.
10. Il va à la boulangerie.

11. Il va chez le <u>teinturier</u>.
12. Il va à l'<u>épicerie</u>.
13. Il va chez l'<u>épicier</u>.

Practice A-3

Tutor : Où va-t-on quand on veut du beurre?
Student: Quand on veut du beurre, on va à la crèmerie.
                            (ou chez le crémier)

1. Où va-t-on quand on veut de la viande? | Quand on veut de la viande, on va chez le boucher.
2. Où va-t-on quand on veut du pain? | Quand on veut du pain, on va à la boulangerie.
3. Où va-t-on quand on veut des gâteaux? | Quand on veut des gâteaux, on va à la pâtisserie.
4. Où va-t-on quand on veut de la crème? | Quand on veut de la crème, on va chez le crémier.
5. Où va-t-on quand on veut des légumes? | Quand on veut des légumes, on va chez le marchand de légumes.
6. Où va-t-on quand on veut acheter du sucre? | Quand on veut acheter du sucre, on va à l'épicerie.
7. Où va-t-on quand on veut acheter de la salade? | Quand on veut acheter de la salade, on va chez le marchand de légumes.

Practice A-4

1. On achète du lait à la crémerie. (ou chez le crémier)
2. <u>On fait du pain</u> chez le boulanger.
3. <u>On répare les chaussures</u> chez le cordonnier.
4. <u>On fait des gâteaux</u> à la pâtisserie.
5. <u>On achète du sucre</u> à l'épicerie.
6. <u>On fait nettoyer les costumes</u> chez le teinturier.
7. <u>On fait laver le linge</u> chez le blanchisseur.
8. <u>On achète des chemises</u> et des chaussures au grand magasin.
9. <u>On achète les légumes</u> chez le marchand de légumes.
10. <u>On achète de la crème</u> à la crémerie.
11. <u>On achète de la viande</u> chez le boucher.
12. <u>On trouve des légumes</u> chez le marchand de légumes.

Grammar 5: Verb <u>aller</u>

Grammar Note

Comment allez-vous?
Où allons-nous déjeuner?
Voulez-vous aller au café de Paris?
Comment va votre frère?
Je vais les remplir tout de suite.
Cette paire me va très bien.

The third of the highly frequent verbs in French is <u>aller</u>, 'to go'. Here are its forms:

```
     SP    Verb
je vais                    'I go'
il va                      'he goes'

ils vont                   'they go'
nous allons                'we are going'
vous allez                 'you are going'

     Verb    SP
est-ce que je vais..?      'am I going?'
vais-je..?                 'am I going?'

va-t-il..?                 'is he going?'

vont-ils..?                'are they going?'
allons-nous..?             'are we going?'
allez-vous..?              'are you going?'

     SP   ne   Verb   pas
je ne vais pas             'I am not going'
il ne va pas               'he is not going'

ils ne vont pas            'they are not going'
nous n'allons pas          'we are not going'
vous n'allez pas           'you are not going'

     ne   Verb   SP   pas
est-ce que je ne vais pas..?  'am I not going?'
ne vais-je pas..?             'am I not going?'

ne va-t-il pas..?             'isn't he going?'

ne vont-ils pas..?            'aren't they going?'
n'allons-nous pas..?          'aren't we going?'
n'allez-vous pas..?           'aren't you going?'
```

Aller has several equivalents in English:

1. to go

    Voulez-vous aller au   Do you want to go to the Café de Paris?
    Café de Paris?

2. to be going to   (concept of future)

    Je vais les remplir   I'm going to fill them out right away.
    tout de suite.

3. to be (talking about health)

    Comment allez-vous?   How are you?
    Il va bien.   He is fine.

4. <u>to fit</u>

Cette paire me va très bien. This pair fits me very well.

Learning Drills

Learning 1

1. Nous allons en ville.
2. Je vais en ville.
3. Il va en ville.
4. Elles vont en ville.
5. Vous allez en ville.
6. Ils vont en ville.
7. On va en ville.
8. Nous allons en ville.

Learning 2

1. Je ne vais pas au bureau.
2. Il ne va pas au bureau.
3. On ne va pas au bureau.
4. Je ne vais pas au bureau.
5. Ils ne vont pas au bureau.
6. Elle ne va pas au bureau.
7. Elles ne vont pas au bureau.
8. Je ne vais pas au bureau.

Learning 3

1. Vous n'allez pas au magasin?
2. Vous n'allez pas à la gare?
3. Vous n'allez pas au bureau?
4. Vous n'allez pas en ville?
5. Vous n'allez pas chez le cordonnier?
6. Vous n'allez pas à l'épicerie?
7. Vous n'allez pas au restaurant?
8. Vous n'allez pas au magasin?

Learning 4

1. Nous n'allons pas à Paris?
2. Ils ne vont pas à Paris?
3. Elle ne va pas à Paris?
4. Vous n'allez pas à Paris?
5. Je ne vais pas à Paris?
6. Il ne va pas à Paris?
7. On ne va pas à Paris?
8. Elles ne vont pas à Paris?
9. Nous n'allons pas à Paris?

Learning 5

1. Allez-vous déjeuner?
2. Vont-ils déjeuner?
3. Va-t-il déjeuner?
4. Vont-elles déjeuner?
5. Va-t-elle déjeuner?
6. Allons-nous déjeuner?
7. Va-t-on déjeuner?
8. Allez-vous déjeuner?

Learning 6

1. Les enfants vont-ils en vacances?
2. Votre amie va-t-elle en vacances?
3. Votre ami va-t-il en vacances?
4. Vos amis vont-ils en vacances?
5. Vos amies vont-elles en vacances?
6. Votre soeur va-t-elle en vacances?
7. Votre frère va-t-il en vacances?
8. Janine va-t-elle en vacances?
9. Les enfants vont-ils en vacances?

Practice Drills

Practice A-1

1. Je suis en retard; je vais prendre un taxi.
2. Il est en retard; il va prendre un taxi.
3. Nous sommes en retard; nous allons prendre un taxi.
4. Ils sont en retard; ils vont prendre un taxi.
5. Elle est en retard; elle va prendre un taxi.
6. Nous sommes en retard; nous allons prendre un taxi.
7. Elles sont en retard; elles vont prendre un taxi.
8. Vous êtes en retard; vous allez prendre un taxi.
9. On est en retard; on va prendre un taxi.

Practice A-2

1. Nous n'allons pas déjeuner parce que nous sommes pressés.
2. Vous n'allez pas déjeuner parce que vous êtes pressés.
3. Ils ne vont pas déjeuner parce qu'ils sont pressés.
4. Elle ne va pas déjeuner parce qu'elle est pressée.
5. On ne va pas déjeuner parce qu'on est pressé.
6. Il ne va pas déjeuner parce qu'il est pressé.
7. Je ne vais pas déjeuner parce que je suis pressé.
8. Elles ne vont pas déjeuner parce qu'elles sont pressées.

Practice A-3

Tutor : Vos amis vont-ils en vacances?
Student: Oui, ils vont en vacances.

1. Allez-vous en vacances?   Oui, je vais en vacances.
2. Votre ami va-t-il en vacances?   Oui, il va en vacances.
3. Vos amies vont-elles en   Oui, elles vont en vacances.
   vacances?
4. Votre amie va-t-elle au   Oui, elle va au magasin.
   magasin?
5. Allez-vous à la gare?   Oui, je vais à la gare.
6. Vos frères vont-ils au bureau?   Oui, ils vont au bureau.
7. Le gérant va-t-il au bureau?   Oui, il va au bureau.

Practice A-4

Tutor : Je vais déjeuner.
Student: Où allez-vous déjeuner?

1. Il va déjeuner.   Où va-t-il déjeuner?
2. On va déjeuner.   Où va-t-on déjeuner?
3. Ils vont déjeuner.   Où vont-ils déjeuner?
4. Elle va déjeuner.   Où va-t-elle déjeuner?
5. Je vais déjeuner.   Où allez-vous déjeuner?
6. Elles vont déjeuner.   Où vont-elles déjeuner?
7. Je vais déjeuner.   Où allez-vous déjeuner?

Practice A-5

Tutor : Janine est en retard.
Student: Va-t-elle prendre un taxi?

1. Je suis en retard.   Allez-vous prendre un taxi?
2. Les enfants sont en retard.   Vont-ils prendre un taxi?
3. Ma soeur est en retard.   Va-t-elle prendre un taxi?
4. Mon frère est en retard.   Va-t-il prendre un taxi?
5. Je suis en retard.   Allez-vous prendre un taxi?
6. Mes parents sont en retard.   Vont-ils prendre un taxi?
7. Mlle Courtois est en retard.   Va-t-elle prendre un taxi?

Practice A-6

Tutor   : Vous avez une boucherie?
Student: Oui, j'ai une boucherie.

1.	Vous allez à la boucherie?	Oui, je vais à la boucherie.
2.	Vous avez la chambre?	Oui, j'ai la chambre.
3.	Vous allez dans la chambre?	Oui, je vais dans la chambre.
4.	Vous avez une fenêtre?	Oui, j'ai une fenêtre.
5.	Vous allez à la fenêtre?	Oui, je vais à la fenêtre.
6.	Vous allez au rez-de-chaussée?	Oui, je vais au rez-de-chaussée.
7.	Vous avez des vacances?	Oui, j'ai des vacances.
8.	Vous allez en vacances?	Oui, je vais en vacances.

SITUATION I

B. A quelle heure allez-vous en
   ville?
C. J'y vais tout de suite.
B. Est-ce que je peux y aller
   avec vous?
C. Mais oui. Où puis-je vous
   déposer?
B. Au restaurant si cela ne vous
   dérange pas.
C. Pas du tout. Je vais au
   magasin à côté.
B. Je crois que je suis en retard.
C. Oh! Nous arrivons dans trois
   minutes.

M. Cousin va en ville tout de suite. Il
va déposer M. Bonnet au restaurant. Il
va au magasin à côté. Ils vont arriver
dans trois minutes.

SITUATION II

B. Je voudrais un costume marron.
V. Veuillez me suivre, Monsieur.
B. Ces costumes sont très chers.
V. Nous en avons aussi en solde.
B. Voulez-vous me les montrer?
V. Les voici, Monsieur.
B. Est-ce que je peux essayer
   celui-ci?
V. Mais oui, je vous l'apporte
   à côté.

M. Bertin est au magasin. Il voudrait
un costume. Les premiers costumes sont
très chers. Le vendeur montre des
costumes en solde à M. Bertin. Celui-ci
va essayer un costume.

'the latter'

Question Drill

1. Où achète-t-on les costumes?
2. Chaussez-vous du 42?
3. Où faites-vous réparer les chaussures?
4. Savez-vous à quelle heure ferment les grands magasins?
5. Où allez-vous la semaine prochaine?
6. Où achetez-vous ...

7. Quand allez-vous en ville?
8. Etes-vous seul à Washington?
9. Le cordonnier lave-t-il le linge?
10. Où déjeunez-vous à midi?
11. Déjeunez-vous à une heure ou à midi?
12. Les chemises sont-elles toujours en solde?
13. Savez-vous s'il y a un bon restaurant près d'ici?
14. A quelle heure commencent les classes?
15. A quel étage est votre classe?
16. Où faites-vous nettoyer vos costumes?
17. Déjeunez-vous toujours seul?
18. Avec qui allez-vous déjeuner aujourd'hui?
19. Allez-vous prendre un taxi pour rentrer ce soir?
20. A quelle heure rentrez-vous?
21. Quand faites-vous vos courses?

Response Drill

1. Demandez à ..... si les magasins ferment à 6 heures.
2. Dites que vous êtes en retard.
3. Dites que vous n'êtes pas toujours en retard.
4. Demandez à ..... s'il va en ville cet après-midi.
5. Demandez à ..... pourquoi il est en retard.
6. Dites-moi que je ne suis pas en retard.
7. Dites-moi que vous êtes heureux de faire ma connaissance.
8. Demandez à ..... quelle est son encolure.
9. Demandez à ..... s'il a un costume marron.
10. Demandez-moi où vous pouvez faire réparer vos chaussures.
11. Dites à ..... qu'il peut faire réparer ses chaussures près d'ici.
12. Demandez-moi si je vais en ville ce soir.
13. Dites à ..... que vous n'allez pas déjeuner à une heure.
14. Demandez-moi à quelle heure arrive votre train.
15. Demandez à ..... si ses bagages sont à la gare.
16. Dites-moi que vous ne savez pas où est votre ami.
17. Demandez à ..... où vous pouvez trouver un bon restaurant.
18. Dites-moi qu'il y a un bon hôtel par ici.
19. Demandez à ..... si les pharmacies sont fermées aujourd'hui.
20. Demandez-moi pourquoi le train ne part pas à l'heure.
21. Demandez-moi si j'ai des nouvelles de vos amis.
22. Dites que vous n'êtes pas très pressé.

Review Drills

Review 1

1. Je suis pressé parce que je vais déjeuner.
2. Ils sont pressés parce qu'ils vont déjeuner.
3. Nous sommes pressés parce que nous allons déjeuner.
4. Elle est pressée parce qu'elle va déjeuner.
5. On est pressé parce qu'on va déjeuner.
6. Elles sont pressées parce qu'elles vont déjeuner.
7. Il est pressé parce qu'il va déjeuner.
8. Je suis pressé parce que je vais déjeuner.

Review 2

1. Nous allons voir si nous avons nos valises.
2. <u>Il va voir</u> s'il a ses valises.
3. <u>Elle va voir</u> si elle a ses valises.
4. <u>Nous allons voir</u> si nous avons nos valises.
5. <u>Je vais voir</u> si j'ai mes valises.
6. <u>Ils vont voir</u> s'ils ont leurs valises.
7. <u>Il va voir</u> s'il a ses valises.
8. <u>Elles vont voir</u> si elles ont leurs valises.
9. <u>Vous allez voir</u> si vous avez vos valises.
10. <u>Je vais voir</u> si j'ai mes valises.
11. <u>Nous allons voir</u> si nous avons nos valises.

Review 3

1. Il va faire assurer ses bagages.
2. <u>Nous</u> allons faire assurer nos bagages.
3. <u>Elle</u> va faire assurer ses bagages.
4. <u>Ils</u> vont faire assurer leurs bagages.
5. <u>Vous</u> allez faire assurer vos bagages.
6. <u>Je</u> vais faire assurer mes bagages.
7. <u>Nous</u> allons faire assurer nos bagages.
8. <u>Elles</u> vont faire assurer leurs bagages.
9. <u>Il</u> va faire assurer ses bagages.

Review 4

Tutor   : Vous êtes seul?
Student: Oui, pour quelques jours; ma soeur arrive la semaine prochaine.

1. Il est seul?   Oui, pour quelques jours; sa soeur arrive
                              la semaine prochaine.

2. Ils sont seuls?   Oui, pour quelques jours; leur soeur
                              arrive la semaine prochaine.

3. Vous êtes seul?   Oui, pour quelques jours; ma soeur arrive
                              la semaine prochaine.

4. Elle est seule?   Oui, pour quelques jours; sa soeur arrive
                              la semaine prochaine.

5. Vous êtes seul?   Oui, pour quelques jours; ma soeur arrive
                              la semaine prochaine.

6. Elles sont seules?   Oui, pour quelques jours; leur soeur
                              arrive la semaine prochaine.

7. Il est seul?   Oui, pour quelques jours; sa soeur arrive
                              la semaine prochaine.

Review 5

Tutor   : A quelle heure vont-ils à la gare?
Student: Je crois qu'ils vont à la gare à une heure.

1. A quelle heure déjeunez-vous?   Je crois que je déjeune à une heure.
2. A quelle heure votre amie   Je crois qu'elle arrive à Paris à une
   arrive-t-elle à Paris?   heure.

3.	A quelle heure allez-vous au magasin?	Je crois que je vais au magasin à une heure.
4.	A quelle heure vos amis vont-ils au magasin?	Je crois qu'ils vont au magasin à une heure.
5.	A quelle heure allez-vous au bureau?	Je crois que je vais au bureau à une heure.
6.	A quelle heure vos amies arrivent-elles à la gare?	Je crois qu'elles arrivent à la gare à une heure.
7.	A quelle heure le gérant déjeune-t-il?	Je crois qu'il déjeune à une heure.
8.	A quelle heure les enfants déjeunent-ils?	Je crois qu'ils déjeunent à une heure.
9.	A quelle heure les magasins ferment-ils?	Je crois qu'ils ferment à une heure.
10.	A quelle heure allez-vous en ville?	Je crois que je vais en ville à une heure.

Written Exercises (not recorded)

Exercise 1

Fill the blanks with the right prepositions.

1. Elle va _____ l'épicier.

2. Elle va _____ vous.

3. Elle va _____ Paris.

4. Elle va _____ la gare.

5. Elle va _____ la crèmerie.

6. Elle va _____ le pharmacien.

7. Elle va _____ Jean.

8. Elle va _____ la pharmacie.

9. Elle va _____ le boucher.

10. Elle va _____ moi.

Exercise 2

Translate the following sentences.

1. Do you have any news? _____

2. I would like the cakes. _____

3. He is near the window. _____

4. You find vegetables at the grocery store. _____

5. He is going to buy butter. _____

6. Aspirin is not expensive. _____

7. The hotel is in front of the station. _____

8. He wants some aspirin. _____

Exercise 3

Answer the following questions affirmatively.

1. Votre frère est-il en retard? _____

2. Allez-vous dans la chambre? _____

3. Etes-vous pressé? _____

4. Va-t-il au restaurant avec Janine? _____

5. Votre soeur est-elle chez vous? _____

6. Va-t-il bien? _____

7. Avez-vous un magasin? _____

8. Est-il au rez-de-chaussée? _____

9. Va-t-il déjeuner avec eux? _____

10. A-t-il la chambre 12? _____

Exercise 4

Example:

- Le train de M. Lelong part à 6 heures.   Son train part à 6 heures.

- Les bagages des enfants sont faits.   Leurs bagages sont faits.

1. Les enfants de ma soeur sont en vacances. _____

2. La villa des Lelong est près d'ici. _____

3. La famille de cet enfant est à Paris. _____

4. Les parents de Janine sont en retard. _____

5. Ce n'est pas le frère du gérant. _____

6. Voilà les valises des enfants. _____

7. Les billets de vos amis sont au guichet 10. _____

8. Le bureau du gérant est au rez-de-chaussée. _____

9. La malle de M. Lelong est à l'enregistrement. _____

10. La chambre des enfants est au premier étage. _____

Unit 5   DIALOGUE

Le climat   The climate

    Conversation between Mr. Dubois and Mr. Moreau.

    M. DUBOIS

Qu'avez-vous fait   What did you do over the week-end?
pendant le week-end?

    faire (avez-vous fait)   to do (did you do)
    pendant   during

    M. MOREAU

Je suis allé   I went to Versailles.
à Versailles.

    aller (je suis allé)   to go (I went)

    M. DUBOIS

En auto?   By car?

    auto (f)   car

    M. MOREAU

Oui,   Yes, by the new road.
par la nouvelle route.

    nouvelle   new
    route (f)   road

    M. DUBOIS

Comment est-elle?   How is it?

    comment   how

    M. MOREAU

Elle est   It's better than the other.
meilleure que l'autre.

    meilleure   better
    meilleur que   better than
    autre   other

Malgré la pluie,   In spite of the rain, it wasn't slippery
elle n'était   at all.
pas glissante du tout.

    malgré   in spite of
    pluie (f)   rain
    être (était)   to be (was)
    glissante   slippery
    du tout   at all

M. DUBOIS

Elle doit être aussi
plus jolie que
l'ancienne.

It must also be prettier than the old
one.

    plus que   more than
    ancienne   old, former

M. MOREAU

Bien plus,
parce qu'elle traverse
la forêt.

Much prettier, since it goes through
the forest.

    traverser   to go through
    forêt (f)   forest

(On parle des vacances)   (They talk about vacations)

    parler de   talk about

M. DUBOIS

Allez-vous à
la campagne
ou au bord de la mer
cet été?

Are you going to the country or to the
seashore this summer?

    campagne (f)   country
    ou   or
    bord (m)   edge
    mer (f)   sea
    été (m)   summer

M. MOREAU

Je ne sais pas encore,
mais je voudrais
du soleil.

I don't know yet, but I'd like some sun.

    encore   yet
    soleil (m)   sun

M. DUBOIS

Allez dans le Midi.   Go to the south of France.

    Midi (m)   South of France

Il y fait
chaud et sec.

It's warm and dry there.

    chaud   hot
    sec   dry
    y   there

M. MOREAU

Oui,
mais ma femme n'aime
pas la chaleur.

aimer	to like, to love
chaleur (f)	heat

Yes, but my wife doesn't like the heat.

M. DUBOIS

Alors,
choisissez
l'Atlantique.

Then choose the Atlantic coast.

choisir (choisissez)	to choose (choose)

Il y fait
beau et frais.

It's clear and cool there.

beau	beautiful
frais	fresh

(On critique la Normandie)

(They criticize Normandy)

critiquer	to criticize

M. MOREAU

Et Henri,
où va-t-il
cette année?

And where is Henry going this year?

année (f)	year

M. DUBOIS

Il a une villa
en Normandie
pour la saison.

He has a villa in Normandy for the season.

villa (f)	villa
saison (f)	season

M. MOREAU

Il fait
toujours mauvais temps
dans cette région.

It's always bad weather in that region.

mauvais	bad
temps (le)	weather
région (f)	region

Il y pleut
très souvent
et il y a trop de vent.

It rains a lot there and
there's too much wind.

pleuvoir (il pleut)	to rain (it rains)
souvent	often
trop	too much
vent (m)	wind

M. DUBOIS

Non, pas toujours. No, not always. You're exaggerating.
Vous exagérez.

exagérer   to exaggerate

M. MOREAU

Peut-être.   Maybe. In any case the autumns there
En tout cas   are very damp.
les automnes
y sont très humides.

cas (m)	case
automne (m)	autumn
humide	damp

M. DUBOIS

Et ici,   And here, how is the weather in winter?
quel temps
fait-il en hiver?

hiver (m)   winter

M. MOREAU

Il gèle   It freezes and it snows generally for
et il neige   two months.
en général
pendant deux mois.

geler	to freeze
neiger	to snow

Mais cette année   But this year it hasn't been as cold
il a fait   as last year.
moins froid que
l'année dernière.

moins que	less than
froid	cold
dernière	last

DIALOGUE NOTE

Southeastern France is often referred to in French as le Midi.

USEFUL WORDS

1.	Nous habitons au bord de la mer.	We live at the seashore.
2.	Nous habitons à la campagne.	We live in the country.
3.	Nous habitons en face.	We live across the street.
4.	Nous habitons à côté.	We live next door.
5.	Nous habitons là-bas.	We live over there.
6.	Nous habitons près d'ici.	We live near here.
7.	Nous habitons dans le Midi.	We live in the south of France.
8.	Nous habitons dans cette rue.	We live on this street.

1.	Sortez-vous dimanche?	Are you going out Sunday?
2.	Sortez-vous jeudi?	Are you going out Thursday?
3.	Sortez-vous mardi?	Are you going out Tuesday?
4.	Sortez-vous samedi?	Are you going out Saturday?
5.	Sortez-vous mercredi?	Are you going out Wednesday?
6.	Sortez-vous vendredi?	Are you going out Friday?
7.	Sortez-vous lundi?	Are you going out Monday?
8.	Sortez-vous demain?	Are you going out tomorrow?

1.	Est-ce que c'est en été?	Is it in summer?
2.	Est-ce que c'est en automne?	Is it in the fall?
3.	Est-ce que c'est en hiver?	Is it in winter?
4.	Est-ce que c'est au printemps?	Is it in spring?

1.	Travaillez-vous le mardi?	Do you work Tuesdays?
2.	Travaillez-vous le samedi?	Do you work Saturdays?
3.	Travaillez-vous le vendredi?	Do you work Fridays?
4.	Travaillez-vous le soir?	Do you work evenings?
5.	Travaillez-vous le matin?	Do you work mornings?
6.	Travaillez-vous l'après-midi?	Do you work afternoons?

1.	Je compte rester à Paris jusqu'en janvier.	I intend to stay in Paris until January.
2.	Je compte rester à Paris jusqu'en février.	I intend to stay in Paris until February.
3.	Je compte rester à Paris jusqu'en mars.	I intend to stay in Paris until March.
4.	Je compte rester à Paris jusqu'en avril.	I intend to stay in Paris until April.
5.	Je compte rester à Paris jusqu'en mai.	I intend to stay in Paris until May.
6.	Je compte rester à Paris jusqu'en juin.	I intend to stay in Paris until June.
7.	Je compte rester à Paris jusqu'en juillet.	I intend to stay in Paris until July.
8.	Je compte rester à Paris jusqu'en août.	I intend to stay in Paris until August.
9.	Je compte rester à Paris jusqu'en septembre.	I intend to stay in Paris until September.
10.	Je compte rester à Paris jusqu'en octobre.	I intend to stay in Paris until October.
11.	Je compte rester à Paris jusqu'en novembre.	I intend to stay in Paris until November.

12. Je compte rester à Paris   I intend to stay in Paris until December.
    jusqu'en décembre.

Vocabulary Awareness (not recorded)

over the week-end	pendant le week-end
last week	la semaine dernière
the month of July	le mois de juillet
next year	l'année prochaine
next week-end	le week-end prochain
last week-end	le week-end dernier
next summer	l'été prochain
last winter	l'hiver dernier
prettier	plus joli
later	plus tard
too late	trop tard
louder	plus fort
more often	plus souvent
speak more softly	parlez moins fort
this region is much less pretty	/ cette région est beaucoup moins jolie
	\ cette région est bien moins jolie
maybe	peut-être
in any case	en tout cas
always	toujours
in general	en général
in spite of	malgré
during	pendant
go to town	allez en ville
choose a shirt	choisissez une chemise
ask the manager	demandez au gérant
speak to Janine	parlez à Janine
listen to the question	écoutez la question
repeat this word	répétez ce mot
open the door	ouvrez la porte
translate this sentence	traduisez cette phrase
say "please"	dites "s'il vous plaît"
she likes the heat	elle aime la chaleur
I like their villa	j'aime leur villa
Do you like the rainy season?	Aimez-vous la saison des pluies?

Lexical Drills

Lexical A-1

1. Qu'avez-vous fait pendant le week-end?
2. Qu'avez-vous fait en avril?
3. Qu'avez-vous fait dimanche?
4. Qu'avez-vous fait pendant la semaine?
5. Qu'avez-vous fait vendredi?
6. Qu'avez-vous fait en juin?

7. Qu'avez-vous fait samedi?
8. Qu'avez-vous fait pendant le week-end?

Lexical A-2

1. Qu'avez-vous fait pendant le week-end?
2. Qu'avons-nous fait pendant le week-end?
3. Qu'a-t-il fait pendant le week-end?
4. Qu'ont-elles fait pendant le week-end?
5. Qu'a-t-on fait pendant le week-end?
6. Qu'avons-nous fait pendant le week-end?
7. Qu'a-t-elle fait pendant le week-end?
8. Qu'avez-vous fait pendant le week-end?

Lexical A-3

1. Je suis allé à Versailles.
2. Je suis allé à Paris.
3. Je suis allé au café.
4. Je suis allé au restaurant.
5. Je suis allé au magasin.
6. Je suis allé dans le Midi.
7. Je suis allé à Lyon.
8. Je suis allé à Lille.
9. Je suis allé au bord de la mer.
10. Je suis allé à Versailles.

Lexical A-4

1. Comment est-elle?
2. Comment est-il?
3. Comment sont-ils?
4. Comment vont-ils?
5. Comment va-t-elle?
6. Comment parle-t-il?
7. Comment rentrons-nous?
8. Comment parlez-vous?
9. Comment est-elle?

Lexical A-5

1. Je suis allé à Versailles.
2. Ils sont allés à Versailles.
3. Nous sommes allés à Versailles.
4. Elle est allée à Versailles.
5. On est allé à Versailles.
6. Il est allé à Versailles.
7. Elles sont allées à Versailles.
8. Je suis allé à Versailles.

Lexical A-6

1. Elle est meilleure que l'autre.
2. Elle est plus glissante que l'autre.
3. Elle est plus jolie que l'autre.
4. Elle est plus grosse que l'autre.
5. Elle est plus chère que l'autre.
6. Elle est plus pressée que l'autre.
7. Elle est plus blanche que l'autre.
8. Elle est plus ancienne que l'autre.
9. Elle est meilleure que l'autre.

Lexical A-7

1. Elle doit être aussi plus jolie que l'ancienne.
2. Elle doit être aussi moins jolie que l'ancienne.
3. Elle doit être aussi plus glissante que l'ancienne.
4. Elle doit être aussi plus belle que l'ancienne.
5. Elle doit être aussi plus grosse que l'ancienne.
6. Elle doit être aussi plus mauvaise que l'ancienne.
7. Elle doit être aussi moins glissante que l'ancienne.
8. Elle doit être aussi moins bien que l'ancienne.
9. Elle doit être aussi plus jolie que l'ancienne.

Lexical A-8

1. Elle n'était pas glissante du tout.
2. Elle n'était pas jolie du tout.
3. Elle n'était pas chère du tout.
4. Elle n'était pas mauvaise du tout.
5. Elle n'était pas pressée du tout.
6. Elle n'était pas grosse du tout.
7. Elle n'était pas bien du tout.
8. Elle n'était pas glissante du tout.

Lexical A-9

1. Elle doit être aussi plus jolie que l'ancienne.
2. Elle doit être aussi plus jolie que la blanche.
3. Elle doit être aussi plus jolie que la petite.
4. Elle doit être aussi plus jolie que la nouvelle.
5. Elle doit être aussi plus jolie que la grosse.
6. Elle doit être aussi plus jolie que la première.
7. Elle doit être aussi plus jolie que la dernière.
8. Elle doit être aussi plus jolie que la verte.

Lexical A-10

1. Allez-vous à la campagne ou au bord de la mer?
2. Allez-vous à la boulangerie ou à l'épicerie?
3. Allez-vous à la gare ou au bureau?
4. Allez-vous chez l'épicier ou chez le boulanger?
5. Allez-vous à l'épicerie ou à la boulangerie?
6. Allez-vous chez le pharmacien ou chez le cordonnier?
7. Allez-vous en Normandie ou dans le Midi?
8. Allez-vous à la campagne ou en ville?
9. Allez-vous à l'hôtel ou chez des amis?
10. Allez-vous chez vos amis ou à la villa?

Lexical A-11

1. Allez-vous à la campagne ou au bord de la mer?
2. Est-il à la campagne ou au bord de la mer?
3. Va-t-il à la campagne ou au bord de la mer?
4. Etes-vous à la campagne ou au bord de la mer?
5. Allez-vous à la campagne ou au bord de la mer?
6. Sont-ils à la campagne ou au bord de la mer?
7. Vont-ils à la campagne ou au bord de la mer?
8. Allons-nous à la campagne ou au bord de la mer?
9. Est-elle à la campagne ou au bord de la mer?
10. Allez-vous à la campagne ou au bord de la mer?

Lexical A-12

1. Allez dans le Midi.
2. Allez à Paris.
3. Allez à la campagne.
4. Allez au guichet 12.

5. Allez au bord de la mer.
6. Allez à la caisse.
7. Allez dans cette région.
8. Allez dans la forêt.
9. Allez en ville.
10. Allez à Versailles.
11. Allez dans le Midi.

Lexical A-13

1. Il y fait chaud et sec.
2. Il y fait beau et frais.
3. Il y fait froid et humide.
4. Il y fait chaud et humide.
5. Il y fait froid et sec.
6. Il y fait humide et chaud.
7. Il y fait chaud et sec.

Lexical A-14

1. Et Henri, où va-t-il cette année?
2. Et Henri, où va-t-il ce soir?
3. Et Henri, où va-t-il la semaine prochaine?
4. Et Henri, où va-t-il cet après-midi?
5. Et Henri, où va-t-il demain?
6. Et Henri, où va-t-il cette semaine?
7. Et Henri, où va-t-il le mois prochain?
8. Et Henri, où va-t-il aujourd'hui?
9. Et Henri, où va-t-il l'année prochaine?
10. Et Henri, où va-t-il lundi prochain?
11. Et Henri, où va-t-il cette année?

Lexical A-15

1. Il a une villa en Normandie pour la saison.
2. Il a une villa en Normandie pour l'été.
3. Il a une villa en Normandie pour les week-ends.
4. Il a une villa en Normandie pour quelques mois.
5. Il a une villa en Normandie pour le printemps.
6. Il a une villa en Normandie pour trois mois.
7. Il a une villa en Normandie pour le mois prochain.
8. Il a une villa en Normandie pour la saison.

Lexical A-16

1. Il a une villa en Normandie pour la saison.
2. Ils ont une villa en Normandie pour la saison.
3. Je voudrais une villa en Normandie pour la saison.
4. Ils louent une villa en Normandie pour la saison.
5. Nous louons une villa en Normandie pour la saison.
6. Il voudrait une villa en Normandie pour la saison.
7. Elle veut une villa en Normandie pour la saison.
8. Nous avons une villa en Normandie pour la saison.

9. <u>Elle a</u> une villa en Normandie pour la saison.
10. <u>Il a</u> une villa en Normandie pour la saison.

Lexical A-17

1. Il fait toujours mauvais dans cette région.
2. Il fait <u>toujours beau</u> dans cette région.
3. Il fait <u>toujours sec</u> dans cette région.
4. Il fait <u>toujours froid</u> dans cette région.
5. Il fait <u>toujours frais</u> dans cette région.
6. Il fait <u>toujours chaud</u> dans cette région.
7. Il fait <u>toujours humide</u> dans cette région.
8. Il fait <u>toujours mauvais</u> dans cette région.

Lexical A-18

1. Il fait toujours mauvais dans cette région.
2. <u>Il pleut toujours</u> dans cette région.
3. <u>Il fait toujours beau</u> dans cette région.
4. <u>Il y a toujours du vent</u> dans cette région.
5. <u>Il fait toujours froid</u> dans cette région.
6. <u>Il neige toujours</u> dans cette région.
7. <u>Il fait toujours sec</u> dans cette région.
8. <u>Il y a toujours du vent</u> dans cette région.
9. <u>Il gèle toujours</u> dans cette région.
10. <u>Il fait toujours mauvais</u> dans cette région.

Lexical A-19

1. Ma femme n'aime pas la chaleur.
2. <u>Je n'aime pas</u> la chaleur.
3. <u>Les enfants n'aiment pas</u> la chaleur.
4. <u>Nous n'aimons pas</u> la chaleur.
5. <u>Il n'aime pas</u> la chaleur.
6. <u>Mes parents n'aiment pas</u> la chaleur.
7. <u>Ma soeur n'aime pas</u> la chaleur.
8. <u>On n'aime pas</u> la chaleur.
9. <u>Ma femme n'aime pas</u> la chaleur.

Lexical A-20

1. Ma femme n'aime pas la chaleur.
2. Ma femme n'aime pas <u>le printemps.</u>
3. Ma femme n'aime pas <u>la neige.</u>
4. Ma femme n'aime pas <u>l'hiver.</u>
5. Ma femme n'aime pas <u>le soleil.</u>
6. Ma femme n'aime pas <u>le froid.</u>
7. Ma femme n'aime pas <u>le vent.</u>
8. Ma femme n'aime pas <u>la région.</u>
9. Ma femme n'aime pas <u>la Normandie.</u>
10. Ma femme n'aime pas <u>la chaleur.</u>

Lexical A-21

1. Il y pleut très souvent.
2. Il y fait froid très souvent.
3. Il y neige très souvent.
4. Il y fait humide très souvent.
5. Il y gèle très souvent.
6. Il y fait chaud très souvent.
7. Il y fait mauvais très souvent.
8. Il y pleut très souvent.

Lexical A-22

1. En tout cas les automnes y sont très humides.
2. En tout cas les automnes y sont très secs.
3. En tout cas les automnes y sont très froids.
4. En tout cas les automnes y sont très beaux.
5. En tout cas les automnes y sont très frais.
6. En tout cas les automnes y sont très chauds.
7. En tout cas les automnes y sont très mauvais.
8. En tout cas les automnes y sont très humides.

Lexical A-23

1. Et ici, quel temps fait-il en hiver?
2. Et là-bas, quel temps fait-il en hiver?
3. Et à Paris, quel temps fait-il en hiver?
4. Et dans cette région, quel temps fait-il en hiver?
5. Et au bord de la mer, quel temps fait-il en hiver?
6. Et à Lille, quel temps fait-il en hiver?
7. Et dans le Midi, quel temps fait-il en hiver?
8. Et près de l'Atlantique, quel temps fait-il en hiver?
9. Et ici, quel temps fait-il en hiver?

Lexical A-24

1. Cette année, il a fait moins froid que l'année dernière.
2. Cette année, il a fait moins chaud que l'année dernière.
3. Cette année, il a fait moins beau que l'année dernière.
4. Cette année, il a fait moins mauvais que l'année dernière.
5. Cette année, il a fait moins humide que l'année dernière.
6. Cette année, il a fait moins sec que l'année dernière.
7. Cette année, il a fait moins frais que l'année dernière.
8. Cette année, il a fait moins froid que l'année dernière.

*Lexical B-1

1. Ma femme n'aime pas la chaleur.
2. Nous n'aimons pas la chaleur.
3. Nous n'aimons pas la Normandie.
4. Mes amis n'aiment pas la Normandie.
5. Mes amis n'aiment pas mon auto.
6. Je ne vois pas mon auto.

7. Je ne vois pas votre ami.
8. On ne trouve pas votre ami.
9. On ne trouve pas les bijoux.
10. Ma femme n'aime pas les bijoux.
11. Ma femme n'aime pas la chaleur.

*Lexical B-2

1. Qu'avez-vous fait pendant le week-end?
2. Qu'a-t-elle fait pendant le week-end?
3. Qu'a-t-elle fait l'année dernière?
4. Où êtes-vous allé l'année dernière?
5. Où êtes-vous allé en septembre?
6. Qu'ont-ils fait en septembre?
7. Qu'ont-ils fait cet après-midi?
8. Que comptez-vous faire cet après-midi?
9. Que comptez-vous faire pendant le week-end?
10. Qu'avez-vous fait pendant le week-end?

*Lexical B-3

1. Elle est meilleure que l'autre.
2. Il est plus grand que l'autre.
3. Il est plus grand que le marron.
4. Il est moins cher que le marron.
5. Il est moins cher que le premier.
6. Il est plus fort que le premier.
7. Il est plus fort que l'autre.
8. Elle est meilleure que l'autre.

*Lexical B-4

1. Il a une villa en Normandie pour la saison.
2. Ils ont une villa en Normandie pour la saison.
3. Ils ont une villa dans le Midi pour la saison.
4. Ils ont une villa dans le Midi pour l'été.
5. Il me faut une villa dans le Midi pour l'été.
6. Il me faut une villa au bord de la mer pour l'été.
7. Il me faut une villa au bord de la mer pour la saison.
8. Il a une villa au bord de la mer pour la saison.
9. Il a une villa en Normandie pour la saison.

*Lexical B-5

1. Il fait toujours mauvais dans cette région.
2. Il pleut très souvent dans cette région.
3. Il pleut très souvent là-bas.
4. Il y a toujours du soleil là-bas.
5. Il y a toujours du soleil dans le Midi.
6. Il fait toujours beau dans le Midi.
7. Il fait toujours beau à Paris.
8. Il ne neige pas souvent à Paris.
9. Il ne neige pas souvent dans cette région.
10. Il fait toujours mauvais dans cette région.

Questions on the Dialogue

1.	M. Moreau est allé quelque part pendant le week-end?	Oui, il est allé quelque part.
2.	Où est-il allé?	Il est allé à Versailles.
3.	Par le train?	Non, en auto.
4.	Par l'ancienne route?	Non, par la nouvelle.
5.	Comment est-elle?	Elle est meilleure que l'autre.
6.	Pourquoi?	Parce qu'elle n'est pas glissante du tout.
7.	Est-elle glissante quand il pleut?	Non, elle n'est pas glissante du tout.
8.	Est-elle moins jolie que l'ancienne?	Non, elle est plus jolie que l'ancienne.
9.	Pourquoi?	Parce qu'elle traverse la forêt.
10.	M. Moreau va-t-il à la campagne ou au bord de la mer?	Il ne sait pas encore, mais il voudrait du soleil.
11.	Quel temps fait-il dans le Midi?	Il y fait chaud et sec.
12.	Mme Moreau aime-t-elle la chaleur?	Non, elle n'aime pas la chaleur.
13.	Quel temps fait-il au bord de l'Atlantique?	Il y fait beau et frais.
14.	Critique-t-on le Midi?	Non, on critique la Normandie.
15.	Pleut-il souvent dans le Midi?	Non, il ne pleut pas souvent.
16.	Où pleut-il souvent?	Il pleut souvent en Normandie.
17.	Vous ne trouvez pas que M. Moreau exagère?	Si, je trouve qu'il exagère.

Grammar 1: Noun-Markers

Grammar Note

f. Indefinite adjectives.

1. <u>plusieurs</u> 'several' is always and only plural.

   plusieurs hôtels   several hotels
   plusieurs cafés   several cafés

   (see L.8 & 9-Gr.1)

2. <u>quelques</u> 'a few' also occurs before plural nouns.

   quelques amis   a few friends
   quelques minutes   a few minutes

   (see L.1 & 2-Gr.1)

3. <u>chaque</u> 'each' is always singular.

   chaque auto   each car
   chaque manteau   each coat

4. <u>certain</u> 'certain' shows gender and number.

	Feminine	Masculine
Singular	certaine	certain
Plural	certaines	certains

une certaine fiche	'a certain form'
un certain jour	'a certain day'
certaines places	'certain seats'
certains billets	'certain tickets'

(see L.6 & 7-Gr.1)

5. _quel_, 'which, what', shows gender and number.

	Feminine	Masculine
Singular	quelle	quel
Plural	quelles	quels

Par quel train arrive-t-il?	'On which train is he arriving?'
Je sais dans quel région il est.	'I know in what region he is.'
Quelle heure est-il?	'What time is it?'

(see L.3,4 & 5-Gr.1)

Learning Drills

Learning 1

1. Il reste quelques robes en solde.
2. Il reste quelques manteaux en solde.
3. Il reste quelques costumes en solde.
4. Il reste quelques paires en solde.
5. Il reste quelques chemises en solde.
6. Il reste quelques livres en solde.
7. Il reste quelques bijoux en solde.
8. Il reste quelques modèles en solde.
9. Il reste quelques robes en solde.

Learning 2

1. Je vais travailler là-bas pendant quelques étés.
2. Je vais travailler là-bas pendant quelques années.
3. Je vais travailler là-bas pendant quelques après-midis.
4. Je vais travailler là-bas pendant quelques hivers.
5. Je vais travailler là-bas pendant quelques automnes.
6. Je vais travailler là-bas pendant quelques heures.
7. Je vais travailler là-bas pendant quelques étés.

Learning 3

1. Quelle robe avez-vous?
2. Quelle place avez-vous?
3. Quelle chambre avez-vous?
4. Quelle date avez-vous?
5. Quelle couchette avez-vous?
6. Quelle valise avez-vous?
7. Quelle pointure avez-vous?

Learning 4

1. Quel billet voulez-vous?
2. Quel train voulez-vous?
3. Quel compartiment voulez-vous?
4. Quel livre voulez-vous?
5. Quel modèle voulez-vous?
6. Quel bureau voulez-vous?
7. Quel manteau voulez-vous?
8. Quel jour voulez-vous?
9. Quel costume voulez-vous?
10. Quel billet voulez-vous?

Learning 5

1. Quels étages allez-vous voir?
2. Quels hôtels allez-vous voir?
3. Quels amis allez-vous voir?
4. Quels enfants allez-vous voir?
5. Quelles épiceries allez-vous voir?
6. Quelles autos allez-vous voir?
7. Quels épiciers allez-vous voir?
8. Quels étages allez-vous voir?

Learning 6

1. Il y a certains hôtels qui sont très beaux.
2. Il y a certains magasins qui sont très beaux.
3. Il y a certains hivers qui sont très beaux.
4. Il y a certains souvenirs qui sont très beaux.
5. Il y a certains automnes qui sont très beaux.
6. Il y a certains livres qui sont très beaux.
7. Il y a certains hôtels qui sont très beaux.

Learning 7

1. Il y a certaines choses qui sont très bien.
2. Il y a certaines épiceries qui sont très bien.
3. Il y a certaines villas qui sont très bien.
4. Il y a certaines autos qui sont très bien.
5. Il y a certaines places qui sont très bien.
6. Il y a certaines heures qui sont très bien.
7. Il y a certaines choses qui sont très bien.

Learning 8

1. Ils ont plusieurs salles de classe.
2. Ils ont plusieurs valises.
3. Ils ont plusieurs costumes.
4. Ils ont plusieurs livres.
5. Ils ont plusieurs modèles.
6. Ils ont plusieurs manteaux.
7. Ils ont plusieurs minutes.
8. Ils ont plusieurs salles de classe.

Learning 9

1. Ils ont plusieurs amis.
2. Ils ont plusieurs hôtels.
3. Ils ont plusieurs étages.
4. Ils ont plusieurs heures.
5. Ils ont plusieurs enfants.
6. Ils ont plusieurs autos.
7. Ils ont plusieurs épiceries.
8. Ils ont plusieurs amis.

Learning 10

1. Il reste quelques billets.
2. Il reste quelques heures.
3. Il reste quelques places.
4. Il reste quelques heures.
5. Il reste quelques hôtels.
6. Il reste quelques minutes.
7. Il reste quelques après-midis.
8. Il reste quelques billets.

Practice Drills

Practice A-1

1. Il y a plusieurs autos.
2. Il y a plusieurs wagons.
3. Il y a plusieurs départs.
4. Il y a plusieurs hôtels.
5. Il y a plusieurs routes.
6. Il y a plusieurs étages.
7. Il y a plusieurs modèles.
8. Il y a plusieurs autos.

Practice A-2

Tutor : Vous avez des salles de classe?
Student: Oui, nous avons plusieurs salles de classe.

1. Vous avez des valises?   Oui, nous avons plusieurs valises.
2. Vous avez des chambres?   Oui, nous avons plusieurs chambres.
3. Vous avez des fiches?   Oui, nous avons plusieurs fiches.
4. Vous avez des amis?   Oui, nous avons plusieurs amis.
5. Vous avez des couchettes?   Oui, nous avons plusieurs couchettes.
6. Vous avez des places?   Oui, nous avons plusieurs places.
7. Vous avez des questions?   Oui, nous avons plusieurs questions.

Practice A-3

Tutor : Ils ont des fenêtres?
Student: Je ne sais pas; je crois qu'ils ont plusieurs fenêtres.

1. Ils ont des amis?   Je ne sais pas; je crois qu'ils ont plusieurs amis.
2. Ils ont des couchettes?   Je ne sais pas; je crois qu'ils ont plusieurs couchettes.
3. Ils ont des bureaux?   Je ne sais pas; je crois qu'ils ont plusieurs bureaux.
4. Ils ont des enfants?   Je ne sais pas; je crois qu'ils ont plusieurs enfants.
5. Ils ont des billets?   Je ne sais pas; je crois qu'ils ont plusieurs billets.
6. Ils ont des livres?   Je ne sais pas; je crois qu'ils ont plusieurs livres.
7. Ils ont des questions?   je ne sais pas; je crois qu'ils ont plusieurs questions.

8. Ils ont des modèles français?   Je ne sais pas; je crois qu'ils ont
                                        plusieurs modèles français.

Practice A-4

Tutor : Je voudrais une chemise; c'est tout ce qui reste?
Student: Non, il reste plusieurs chemises.

1. Je voudrais une robe; c'est   Non, il reste plusieurs robes.
    tout ce qui reste?
2. Je voudrais quelques livres;   Non, il reste plusieurs livres.
    c'est tout ce qui reste?
3. Je voudrais une fiche; c'est   Non, il reste plusieurs fiches.
    tout ce qui reste?
4. Je voudrais un costume; c'est   Non, il reste plusieurs costumes.
    tout ce qui reste?
5. Je voudrais quelques billets;   Non, il reste plusieurs billets.
    c'est tout ce qui reste?

Practice A-5

1. Je pars dans quelques minutes.
2. Je pars dans quelques heures.
3. Je pars dans quelques mois.
4. Je pars dans quelques jours.
5. Je pars dans quelques semaines.
6. Je pars dans quelques heures.
7. Je pars dans quelques minutes.

Practice A-6

Tutor : Ils arrivent dans une heure?
Student: Non, dans quelques heures.

1. Ils arrivent la semaine   Non, dans quelques semaines.
    prochaine?
2. Il part l'année prochaine?   Non, dans quelques années.
3. Il arrive le mois prochain?   Non, dans quelques mois.
4. Il arrive dans une heure?   Non, dans quelques heures.
5. Il arrive aujourd'hui?   Non, dans quelques jours.
6. Il arrive la semaine prochaine?   Non, dans quelques semaines.
7. Il arrive le mois prochain?   Non, dans quelques mois.

Practice A-7

Tutor : Il reste beaucoup de chambres?
Student: Non, quelques chambres seulement.

1. Il reste beaucoup de billets?   Non, quelques billets seulement.
2. Il reste beaucoup de valises?   Non, quelques valises seulement.
3. Il reste beaucoup de places?   Non, quelques places seulement.
4. Il reste beaucoup de couchettes?   Non, quelques couchettes seulement.
5. Il reste beaucoup de fiches?   Non, quelques fiches seulement.
6. Il reste beaucoup de livres?   Non, quelques livres seulement.
7. Il reste beaucoup d'autos?   Non, quelques autos seulement.

8. Il reste beaucoup de malles?   Non, quelques malles seulement.

Practice A-8

Tutor : Les billets sont chers?
Student: Non, certains billets seulement.

1. Les chemises sont chères?	Non, certaines chemises seulement.
2. Les restaurants sont bons?	Non, certains restaurants seulement.
3. Les routes sont mauvaises?	Non, certaines routes seulement.
4. Les manteaux sont chers?	Non, certains manteaux seulement.
5. Les classes sont bonnes?	Non, certaines classes seulement.
6. Les livres sont en solde?	Non, certains livres seulement.
7. Les chambres sont louées?	Non, certaines chambres seulement.

Practice A-9

Tutor : Les billets sont chers?
Student: Certains, oui.

1. Les chemises sont chères?	Certaines, oui.
2. Les restaurants sont bons?	Certains, oui.
3. Les chambres sont chères?	Certaines, oui.
4. Les routes sont mauvaises?	Certaines, oui.
5. Les manteaux sont chers?	Certains, oui.
6. Les classes sont bonnes?	Certaines, oui.
7. Les livres sont en solde?	Certains, oui.
8. Les chambres sont louées?	Certaines, oui.

Practice A-10

Tutor : Il va à l'hôtel.
Student: A quel hôtel va-t-il?

1. Ils sont à l'hôtel.	A quel hôtel sont-ils?
2. Ils vont au restaurant.	A quel restaurant vont-ils?
3. Il est au café.	A quel café est-il?
4. Elle déjeune au restaurant.	A quel restaurant déjeune-t-elle?
5. On déjeune au café.	A quel café déjeune-t-on?
6. Il va chez le cordonnier.	Chez quel cordonnier va-t-il?
7. Elles vont chez le boucher.	Chez quel boucher vont-elles?
8. Il travaille à la pharmacie.	A quelle pharmacie travaille-t-il?

Grammar 2: Noun-Markers in Negative Constructions

Grammar Note

After the sequence 'ne + Verb + pas', the noun-markers 'un, une, des' are replaced by <u>de</u> (or <u>d'</u> if followed by a word beginning with a vowel).

Il a un livre.	Il n'a pas de livre.
Il a des livres.	Il n'a pas de livres.
Il a des soeurs.	Il n'a pas de soeurs.
Ils ont des enfants.	Ils n'ont pas d'enfants.

Note: Certain occurrences when this rule does not apply will be explained later.

Learning Drills

Learning 1

1. Je n'ai pas de pain.
2. Nous n'avons pas de pain.
3. Ils n'ont pas de pain.
4. Je ne prends pas de pain.
5. Elle n'a pas de pain.
6. Je ne vois pas de pain.
7. Il ne trouve pas de pain.
8. Nous ne demandons pas de pain.

Learning 2

1. Nous n'avons pas de livres.
2. Nous n'avons pas de bagages.
3. Nous n'avons pas de places.
4. Nous n'avons pas de fiches.
5. Nous n'avons pas de billets.
6. Nous n'avons pas de couchettes.
7. Nous n'avons pas de fromage.
8. Nous n'avons pas de gâteaux.

Learning 3

1. Elle n'a pas d'auto.
2. Je n'ai pas d'auto.
3. Nous ne changeons pas d'auto.
4. Je ne veux pas d'auto.
5. Je ne vois pas d'auto.
6. Nous ne vendons pas d'autos.
7. Nous n'assurons pas d'autos.
8. On ne loue pas d'autos.

Learning 4

1. Ils n'ont pas d'auto.
2. Ils n'ont pas d'aspirine.
3. Ils n'ont pas d'amis.
4. Ils n'ont pas d'enfants.
5. Ils n'ont pas d'aller et retour.
6. Ils n'ont pas d'encolure 40.

Learning 5

1. Nous n'avons pas de valises.
2. Nous n'avons pas de places.
3. Nous n'avons pas de tickets de quai.
4. Nous n'avons pas de bagages.
5. Nous n'avons pas de billets.
6. Nous n'avons pas de sucre.
7. Nous n'avons pas de médicaments.
8. Nous n'avons pas de salade.
9. Nous n'avons pas de vacances.
10. Nous n'avons pas de nouvelles.
11. Nous n'avons pas de villa.
12. Nous n'avons pas de livres.

Learning 6

1. Nous n'avons pas d'hiver.
2. Nous n'avons pas d'été.
3. Nous n'avons pas d'automne.
4. Nous n'avons pas d'enfants.
5. Nous n'avons pas d'auto.
6. Nous n'avons pas d'amis.
7. Nous n'avons pas d'aspirine.
8. Nous n'avons pas d'aller et retour.

Practice Drills

Practice A-1

Tutor : Avez-vous une auto?
Student: Non, nous n'avons pas d'auto.

1. Avez-vous des enfants?	Non, nous n'avons pas d'enfants.
2. Avez-vous des amis?	Non, nous n'avons pas d'amis.
3. Avez-vous des aller et retour?	Non, nous n'avons pas d'aller et retour.
4. Avez-vous de l'aspirine?	Non, nous n'avons pas d'aspirine.
5. Avez-vous des après-midis libres?	Non, nous n'avons pas d'après-midis libres.
6. Avez-vous des hivers très froids?	Non, nous n'avons pas d'hivers très froids.
7. Avez-vous un ami?	Non, nous n'avons pas d'ami.
8. Avez-vous une amie?	Non, nous n'avons pas d'amie.

Practice A-2

1. Je n'ai pas de place.
2. Je n'ai pas de billet.
3. Je n'ai pas d'ami.
4. Je n'ai pas de chambre.
5. Je n'ai pas d'auto.
6. Je n'ai pas de vacances.
7. Je n'ai pas d'aspirine.
8. Je n'ai pas de monnaie.

Practice A-3

Tutor : Avez-vous du pain?
Student: Non, je n'ai pas de pain.

1. Avez-vous des amis?	Non, je n'ai pas d'amis.
2. Avez-vous des fruits?	Non, je n'ai pas de fruits.
3. Avez-vous un bureau?	Non, je n'ai pas de bureau.
4. Avez-vous de l'aspirine?	Non, je n'ai pas d'aspirine.
5. Avez-vous des vacances?	Non, je n'ai pas de vacances.
6. Avez-vous une auto?	Non, je n'ai pas d'auto.
7. Avez-vous de la monnaie?	Non, je n'ai pas de monnaie.

Practice A-4

Tutor : Avez-vous des nouvelles?
Student: Non, je n'ai pas de nouvelles.

1. Achetez-vous de la viande?	Non, je n'achète pas de viande.
2. Donnez-vous des renseignements?	Non, je ne donne pas de renseignements.
3. Apportez-vous des nouvelles?	Non, je n'apporte pas de nouvelles.
4. Y a-t-il du vent?	Non, il n'y a pas de vent.
5. Y a-t-il du soleil?	Non, il n'y a pas de soleil.
6. Avez-vous des fenêtres?	Non, je n'ai pas de fenêtres.
7. Réparez-vous des chaussures?	Non, je ne répare pas de chaussures.

Practice A-5

Tutor : Aimez-vous les fruits?
Student: Non, je n'aime pas les fruits.

1. Avez-vous des fruits?   Non, je n'ai pas de fruits.
2. Avez-vous une auto?   Non, je n'ai pas d'auto.
3. Avez-vous l'auto?   Non, je n'ai pas l'auto.
4. Donnez-vous les renseignements?   Non, je ne donne pas les renseignements.
5. Trouvez-vous les billets?   Non, je ne trouve pas les billets.
6. Montez-vous la valise?   Non, je ne monte pas la valise.
7. Montez-vous les bagages?   Non, je ne monte pas les bagages.
8. Louez-vous des chambres?   Non, je ne loue pas de chambres.
9. Avez-vous un manteau?   Non, je n'ai pas de manteau.
10. Y a-t-il des wagons-lits?   Non, il n'y a pas de wagons-lits.

Practice A-6

Tutor : Avez-vous ma valise?
Student: Non, je n'ai pas votre valise.

Tutor : Avez-vous votre valise?
Student: Non, je n'ai pas ma valise.

Tutor : Avez-vous des valises?
Student: Non, je n'ai pas de valises.

1. Avez-vous une valise?   Non, je n'ai pas de valise.
2. Avez-vous mes valises?   Non, je n'ai pas vos valises.
3. Avez-vous des bagages?   Non, je n'ai pas de bagages.
4. Avez-vous un frère?   Non, je n'ai pas de frère.
5. Avez-vous une soeur?   Non, je n'ai pas de soeur.
6. Avez-vous des soeurs?   Non, je n'ai pas de soeurs.
7. Avez-vous votre livre?   Non, je n'ai pas mon livre.
8. Avez-vous un livre?   Non, je n'ai pas de livre.
9. Avez-vous les livres?   Non, je n'ai pas les livres.
10. Avez-vous mon livre?   Non, je n'ai pas votre livre.
11. Avez-vous le livre?   Non, je n'ai pas le livre.
12. Avez-vous les livres?   Non, je n'ai pas les livres.
13. Avez-vous une auto?   Non, je n'ai pas d'auto.
14. Avez-vous l'auto?   Non, je n'ai pas l'auto.
15. Avez-vous ma place?   Non, je n'ai pas votre place.
16. Avez-vous mon billet?   Non, je n'ai pas votre billet.
17. Avez-vous une place?   Non, je n'ai pas de place.
18. Avez-vous des places?   Non, je n'ai pas de places.

Grammar 3: Larger Numbers

Grammar Note

Large cardinal numbers include:

100	cent
200	deux cents
300	trois cents
400	quatre cents
500	cinq cents

600	six cents
700	sept cents
800	huit cents
900	neuf cents
1.000	mille
1.100	onze cents 'or' mille cent
1.200	douze cents 'or'
	mille deux cents
1.300	treize cents 'or'
	mille trois cents
1.400	quatorze cents 'or'
	mille quatre cents
1.500	quinze cents 'or'
	mille cinq cents
1.600	seize cents 'or'
	mille six cents
1.700	dix-sept cents 'or'
	mille sept cents
1.800	dix-huit cents 'or'
	mille huit cents
1.900	dix-neuf cents 'or'
	mille neuf cents
2.000	deux mille
3.000	trois mille
10.000	dix mille
20.000	vingt mille
30.000	trente mille
100.000	cent mille
200.000	deux cent mille
300.000	trois cent mille
1.000.000	un million
5.000.000	cinq millions
1.000.000.000	un milliard

The numbers million and milliard are marked nouns:

cent francs	'one hundred francs'
mille francs	'one thousand francs'
but: un million de francs	'one million francs'
un milliard de francs	'one billion francs'

Learning Drills
Learning 1

1. J'ai 200 francs.
2. J'ai 300 francs.
3. J'ai 400 francs.
4. J'ai 500 francs.
5. J'ai 600 francs.
6. J'ai 700 francs.

7. J'ai <u>800 francs</u>.
8. J'ai <u>900 francs</u>.

Learning 2

1. Il reste 1.000 francs.
2. Il reste <u>2.000 francs</u>.
3. Il reste <u>3.000 francs</u>.
4. Il reste <u>10.000 francs</u>.
5. Il reste <u>12.000 francs</u>.
6. Il reste <u>70.000 francs</u>.
7. Il reste <u>80.000 francs</u>.
8. Il reste <u>40.000 francs</u>.
9. Il reste <u>90.000 francs</u>.

Learning 3

1. Il me faut 100.000 francs.
2. Il me faut <u>200.000 francs</u>.
3. Il me faut <u>800.000 francs</u>.
4. Il me faut <u>900.000 francs</u>.
5. Il me faut <u>950.000 francs</u>.
6. Il me faut <u>320.000 francs</u>.
7. Il me faut <u>430.000 francs</u>.
8. Il me faut <u>290.000 francs</u>.

Learning 4

1. Ça coûte 1.000.000 de francs.
2. Ça coûte <u>1.000.000.000 de francs</u>.
3. Ça coûte <u>1.350.000 francs</u>.
4. Ça coûte <u>10.970.000 francs</u>.
5. Ça coûte <u>100.830.000 francs</u>.
6. Ça coûte <u>300.250.000 francs</u>.
7. Ça coûte <u>8.990.000 francs</u>.
8. Ça coûte <u>3.345.000 francs</u>.
9. Ça coûte <u>4.160.000 francs</u>.

Learning 5

1. Je dois 1.000 francs.
2. Je dois <u>onze cents francs</u>.
3. Je dois <u>douze cents francs</u>.
4. Je dois <u>treize cents francs</u>.
5. Je dois <u>quatorze cents francs</u>.
6. Je dois <u>quinze cents francs</u>.
7. Je dois <u>seize cents francs</u>.
8. Je dois <u>dix-sept cents francs</u>.
9. Je dois <u>dix-huit cents francs</u>.
10. Je dois <u>dix-neuf cents francs</u>.

Learning 6

Répétez:	
15	quinze
95	quatre-vingt-quinze
195	cent quatre-vingt-quinze
395	trois cent quatre-vingt-quinze
1.395	mille trois cent quatre-vingt-quinze
5.395	cinq mille trois cent quatre-vingt-quinze
55.395	cinquante-cinq mille trois cent quatre-vingt-quinze
155.395	cent cinquante-cinq mille trois cent quatre-vingt-quinze
955.395	neuf cent cinquante-cinq mille trois cent quatre-vingt-quinze
1.955.395	un million neuf cent cinquante-cinq mille trois cent quatre-vingt-quinze

Learning 7

Répétez:	
1	un
81	quatre-vingt-un
181	cent quatre-vingt-un
881	huit cent quatre-vingt-un
1.881	mille huit cent quatre-vingt-un
11.881	onze mille huit cent quatre-vingt-un
71.881	soixante et onze mille huit cent quatre-vingt-un
171.881	cent soixante et onze mille huit cent quatre-vingt-un
271.881	deux cent soixante et onze mille huit cent quatre-vingt-un

1.271.881	un million deux cent soixante et onze mille huit cent quatre-vingt-un

Learning 8

Répétez:		
	6	six
	46	quarante-six
	146	cent quarante-six
	746	sept cent quarante-six
	1.746	mille sept cent quarante-six
	2.746	deux mille sept cent quarante-six
	22.746	vingt-deux mille sept cent quarante-six
	122.746	cent vingt-deux mille sept cent quarante-six
	322.746	trois cent vingt-deux mille sept cent quarante-six
	1.322.746	un million trois cent vingt-deux mille sept cent quarante-six

Practice Drills

Practice A-1

Lisez:

le 4 juillet 1776	le 14 avril 1865
le 3 septembre 1783	le 12 octobre 1492
le 17 septembre 1787	le 5 juin 1672
le 11 novembre 1918	le 18 avril 1775
le 7 décembre 1941	le 9 août 1832
le 6 juin 1944	le 2 février 1812
le 15 août 1945	le 10 mars 1969
le 25 décembre 1966	le 9 octobre 1984
le 1er janvier 1967	le 31 décembre 1990

Practice A-2

Lisez:

155	121	111	666	375
1.555	1.210	1.111	1.666	3.750
15.555	12.100	11.111	16.666	37.500
155.555	121.000	111.111	160.666	375.000
880	101	109	125	123
1.808	1.101	199	2.525	1.234
8.148	11.100	949	12.525	12.245
18.018	100.101	1.909	125.521	123.456
103	1.949	11.848	199.000	
1.103	2.949	627.999	1.661.681	
2.103	199.884	1.336.101	1.600.600.606	
1.203.301	1.701.611	13.621.381	1.001.001.001	

1.010.010.010
3.616.717.313
12.212.331
1.191

Practice A-3 (not recorded)

Ecrivez: 176.001 - 166.011 - 716.071 - 807.107 - 508.992
          482.608 - 991.570 - 412.210 - 402.610 - 410.502
          612.868 - 114.344 - 76.916 - 116.161 - 548.661
          971.055 - 55.766 - 105.105 - 995.605 - 282.392

Practice A-4

1. Je voudrais 50 francs.
2. Je voudrais 1.000 francs.
3. Je voudrais 1.000.000 de francs.
4. Je voudrais 100 francs.
5. Je voudrais 1.500.000 francs.
6. Je voudrais 1.000.000.000 de francs.
7. Je voudrais 50.000 francs.
8. Je voudrais 1.000.000 de francs.

Grammar 4: Impersonal Verbs

Grammar Note

Weather phenomena are expressed by verbs having as subjects the impersonal subject pronoun il. There are three such verb patterns:

1. Il fait, followed by

    a. certain adjectives

        Il fait froid.   'It's cold weather.'
        Il fait chaud.   'It's hot weather.'
        Il fait sec.   'It's dry weather.'
        Il fait beau (temps).   'It's nice (weather).'
        Il fait mauvais (temps).   'It's bad (weather).'
        Il fait frais.   'It's cool weather.'

    b. du + N

        Il fait du soleil.   'It's sunny weather.'
        Il fait du vent.   'It's windy weather.'

2. Il y a, followed by du/de la + N

        Il y a du soleil.   'It's sunny weather.'
        Il y a du vent.   'It's windy weather.'
                                              (see L.3-Gr.4)

3. Special verbs.

(pleuvoir) Il pleut.   'It's raining.'
(geler)   Il gèle.   'It's freezing.'
(neiger)   Il neige.   'It's snowing.'
                                              (see L.5-Gr.4)

Besides those verbs which express weather phenomena, there are other impersonal verbs:

(falloir)   C'est exactement ce qu'il me faut. 'It's exactly what I need.'

(y avoir)   Il y a un bon café près d'ici. 'There's a good café near here.'

(see L.2,3,6-Gr.4)

Note that some verbs can be 'occasionally' impersonal.

Il reste plusieurs chemises.	'There are several shirts left.'
but: Nous restons ici.	'We're staying here.'
Il fait du vent.	'It's windy weather.'
but: Nous faisons des courses.	'We're shopping.'

(see verb faire, Gr.5-U.5)

Learning Drills

Learning 1

1. Il reste plusieurs chemises.
2. Il reste quelques places.
3. Il reste douze billets.
4. Il reste beaucoup de places.
5. Il reste quelques minutes.
6. Il reste de la salade.
7. Il reste du pain.
8. Il reste quelque chose.

Learning 2

1. Il faut accepter.
2. Il faut écouter.
3. Il faut espérer.
4. Il faut essayer.
5. Il faut être à l'heure.
6. Il faut arriver à l'heure.
7. Il faut acheter quelque chose.
8. Il faut apporter quelque chose.

Learning 3

1. Il y a du vent.
2. Il y a du pain.
3. Il y a de la salade.
4. Il y a des enfants.
5. Il y a un hôtel.
6. Il y a du soleil.
7. Il y a quelques places.
8. Il y a beaucoup de vent.

Learning 4

1. Il fait humide dans cette région.
2. Il fait beau dans cette région.
3. Il fait sec dans cette région.
4. Il fait chaud dans cette région.
5. Il fait froid dans cette région.
6. Il fait frais dans cette région.
7. Il fait mauvais dans cette région.

Learning 5

1. Il pleut là-bas.
2. Il neige là-bas.
3. Il gèle là-bas.
4. Il y a du soleil là-bas.
5. Il y a du vent là-bas.
6. Il fait chaud là-bas.
7. Il pleut là-bas.

Learning 6

1. Il faut rester.
2. Il faut demander.
3. Il faut déjeuner.
4. Il faut fermer.
5. Il faut rentrer.
6. Il faut travailler.
7. Il faut rester.
8. Il faut nettoyer.
9. Il faut rester.

Practice Drills

Practice A-1

Tutor : Reste-t-il du pain?
Student: Oui, il reste du pain.

1. Faut-il travailler?	Oui, il faut travailler.
2. Faut-il demander?	Oui, il faut demander.
3. Y a-t-il des places?	Oui, il y a des places.
4. Reste-t-il des billets?	Oui, il reste des billets.
5. Fait-il mauvais?	Oui, il fait mauvais.
6. Y a-t-il du vent?	Oui, il y a du vent.
7. Pleut-il?	Oui, il pleut.

Practice A-2

Tutor : Combien de billets reste-t-il?
Student: Il reste deux billets.

1. Combien de jours faut-il?	Il faut deux jours.
2. Combien de semaines reste-t-il?	Il reste deux semaines.
3. Combien de valises y a-t-il?	Il y a deux valises.
4. Combien de places reste-t-il?	Il reste deux places.
5. Combien de places y a-t-il?	Il y a deux places.
6. Combien de mois faut-il?	Il faut deux mois.
7. Combien de minutes reste-t-il?	Il reste deux minutes.

Practice A-3

Tutor : Pleut-il aujourd'hui?
Student: Non, il ne pleut pas.

1. Fait-il froid aujourd'hui?	Non, il ne fait pas froid.
2. Y a-t-il du soleil aujourd'hui?	Non, il n'y a pas de soleil.
3. Gèle-t-il aujourd'hui?	Non, il ne gèle pas.
4. Fait-il beau aujourd'hui?	Non, il ne fait pas beau.
5. Y a-t-il du vent aujourd'hui?	Non, il n'y a pas de vent.
6. Neige-t-il aujourd'hui?	Non, il ne neige pas.
7. Fait-il chaud aujourd'hui?	Non, il ne fait pas chaud.

Grammar 5: Verb _faire_

Grammar Note

Je suis heureux de faire votre connaissance, Mademoiselle.
Faisons des courses.
On fait réparer les chaussures chez le cordonnier.
Il fait mauvais temps.

Here are the forms of the highly frequent verb _faire_ 'to do, to make':

SP	Verb	
je fais		'I make'
il fait		'he makes'

```
ils font                          'they make'
nous faisons                      'we make'
vous faites                       'you make'
```

    Verb   SP

```
est-ce que je fais                'do I make'
fait-il                           'does he make'

font-ils                          'do they make'
faisons-nous                      'do we make'
faites-vous                       'do you make'
```

    SP ne Verb   pas

```
je ne fais pas                    'I don't make'
il ne fait pas                    'he doesn't make'

ils ne font pas                   'they don't make'
nous ne faisons pas               'we don't make'
vous ne faites pas                'you don't make'
```

    ne   Verb SP   pas

```
Est-ce que je ne fais pas de café?    'don't I make coffee?'
ne fait-il pas                        'doesn't he make'

ne font-ils pas                       'don't they make'
ne faisons-nous pas                   'don't we make'
ne faites-vous pas                    'don't you make'
```

Note: The verb <u>faire</u> must always be used with an object, never alone.

Learning Drills

Learning 1

1. Ils font les bagages cet après-midi.
2. <u>Vous faites les bagages</u> cet après-midi.
3. <u>On fait les bagages</u> cet après-midi.
4. <u>Elle fait les bagages</u> cet après-midi.
5. <u>Il fait les bagages</u> cet après-midi.
6. <u>Nous faisons les bagages</u> cet après-midi.
7. <u>Je fais les bagages</u> cet après-midi.
8. <u>Elles font les bagages</u> cet après-midi.
9. <u>Ils font les bagages</u> cet après-midi.

Learning 2

Tutor : Je fais mes bagages. Et vous?
Student: Je fais mes bagages aussi.

1. Je fais mes valises. Et vous?   Je fais mes valises aussi.
2. Je fais des courses. Et vous?   Je fais des courses aussi.
3. Je fais ma valise. Et vous?   Je fais ma valise aussi.
4. Je fais mes malles. Et vous?   Je fais mes malles aussi.

5. Je fais mes bagages. Et vous?   Je fais mes bagages aussi.

Learning 3

1. Janine est en ville; elle fait des courses.
2. Mon frère est en ville; il fait des courses.
3. Ma soeur est en ville; elle fait des courses.
4. Mon père est en ville; il fait des courses.
5. M. Lelong est en ville; il fait des courses.
6. Henri est en ville; il fait des courses.
7. Janine est en ville; elle fait des courses.

Learning 4

1. Mes frères sont dans la chambre; ils font leurs bagages.
2. Mes soeurs sont dans la chambre; elles font leurs bagages.
3. Mon frère et ma soeur sont dans la chambre; ils font leurs bagages.
4. Mes amis sont dans la chambre; ils font leurs bagages.
5. Mes parents sont dans la chambre; ils font leurs bagages.
6. Janine et sa soeur sont dans la chambre; elles font leurs bagages.

Learning 5

1. Nous faisons des courses.
2. Nous faisons nos bagages.
3. Nous faisons nos valises.
4. Nous faisons nos malles.
5. Nous faisons du café.
6. Nous faisons autre chose.
7. Nous faisons des courses.

Learning 6

1. Que faites-vous dimanche?
2. Que faites-vous l'après-midi?
3. Que faites-vous pendant le week-end?
4. Que faites-vous ce matin?
5. Que faites-vous à midi?
6. Que faites-vous ce soir?
7. Que faites-vous demain matin?

Practice Drills

Practice A-1

1. Je suis en ville; je fais des courses.
2. Ils sont en ville; ils font des courses.
3. Nous sommes en ville; nous faisons des courses.
4. Il est en ville; il fait des courses.
5. Elle est en ville; elle fait des courses.
6. On est en ville; on fait des courses.
7. Elles sont en ville; elles font des courses.

Practice A-2

Tutor : Où êtes-vous?
Student: Je suis en ville; je fais des courses.

1. Où est-elle?   Elle est en ville; elle fait des courses.
2. Où sont-ils?   Ils sont en ville; ils font des courses.
3. Où êtes-vous?   Je suis en ville; je fais des courses.
4. Où est-il?   Il est en ville; il fait des courses.
5. Où sont-elles?   Elles sont en ville; elles font des courses.

Practice A-3

Tutor : Vous êtes en ville?
Student: Oui, je fais des courses.

1. Elles sont en ville?   Oui, elles font des courses.
2. Il est en ville?   Oui, il fait des courses.
3. Ils sont en ville?   Oui, ils font des courses.
4. Vous êtes en ville?   Oui, je fais des courses.
5. Elle est en ville?   Oui, elle fait des courses.

Practice A-4

1. Que faites-vous? Vous allez en ville?
2. Que fait-il? Il va en ville?
3. Que fait-on? On va en ville?
4. Que faisons-nous? Nous allons en ville?
5. Que font-ils? Ils vont en ville?
6. Que fait-elle? Elle va en ville?
7. Que faites-vous? Vous allez en ville?
8. Que font-elles? Elle vont en ville?

Practice A-5

1. Je suis dans ma chambre; je fais mes valises.
2. Elles sont dans leur chambre; elles font leurs valises.
3. Nous sommes dans notre chambre; nous faisons nos valises.
4. Il est dans sa chambre; il fait ses valises.
5. Elle est dans sa chambre; elle fait ses valises.
6. Ils sont dans leur chambre; ils font leurs valises.
7. Je suis dans ma chambre; je fais mes valises.

Practice A-6

Tutor : Que faites-vous?
Student: Je fais enregistrer mes bagages.

1. Que fait-il?   Il fait enregistrer ses bagages.
2. Que font-ils?   Ils font enregistrer leurs bagages.
3. Que faites-vous?   Je fais enregistrer mes bagages.
4. Que fait-elle?   Elle fait enregistrer ses bagages.
5. Que faites-vous?   Je fais enregistrer mes bagages.

SITUATION I

L. Je voudrais louer une villa pour   M. Léger est dans une agence immobilière.
   l'été dans la région de Nice.   Il voudrait louer une villa. L'agence a
E. Au bord de la mer, Monsieur?   une villa au bord de la mer. Elle est
L. Oui, et avec trois chambres.   libre pour deux mois et elle coûte 500
E. Nous en avons une de libre pour   francs par mois. M. Léger va téléphoner
   deux mois.   cet après-midi.
L. Combien coûte-t-elle?
E. 500 francs par mois.   'real estate'
L. Très bien, je vais vous   'to telephone'

5.30

téléphoner cet après-midi pour
vous dire si je la prends.

SITUATION II

C. Je dois aller à la gare.
Est-ce que vous voulez venir
avec moi?

B. Non, merci. Il fait trop froid.
Quand il neige, je reste chez
moi.

C. Voulez-vous que je vous apporte
quelque chose?

B. Oh! Je ne voudrais pas vous
déranger, mais si vous allez à
la pharmacie, pouvez-vous
m'apporter de l'aspirine?

C. Volontiers.

M. Cassin va à la gare.
M. Berthier ne veut pas aller à la gare
avec lui, parce qu'il fait trop froid.
M. Cassin va apporter de l'aspirine à
M. Berthier.

'with him'

Question Drill

1. Comment sont les routes quand il pleut?
2. Pleut-il souvent au mois de juillet dans le Midi?
3. Neige-t-il l'été dans le Midi?
4. Quel temps fait-il dans le Midi?
5. Allez-vous au bord de la mer quand il fait froid?
6. Quand allez-vous au bord de la mer?
7. Aimez-vous la neige?
8. Qu'allez-vous faire pendant le week-end?
9. Avez-vous des vacances?
10. Combien de jours avez-vous?
11. Aimez-vous les vacances?
12. Quand vous avez des vacances, où allez-vous?
13. Allez-vous à la campagne ou au bord de la mer l'été?
14. Avez-vous une villa dans le Midi?
15. Quand commence l'été?
16. Quel est le dernier jour de l'hiver?
17. Où habitez-vous?
18. Combien de jours y a-t-il dans l'année?
19. Quels sont les mois de 31 jours?
20. Que comptez-vous faire cet été?
21. Habitez-vous en ville ou à la campagne?
22. Fait-il froid l'été à Paris?
23. Neige-t-il quand il fait chaud?
24. Comptez-vous travailler pendant vos vacances?
25. Travaillez-vous le dimanche?
26. Traversez-vous la ville pour venir travailler?
27. Combien de jours y a-t-il en juin?
28. Aimez-vous les chaussures à grosses semelles?
29. Qu'allez-vous faire samedi prochain?
30. Allez-vous souvent au bord de la mer?

Response Drill

1. Demandez à ... où il est allé pendant le week-end.
2. Demandez à ... s'il est allé à la campagne.
3. Demandez à ... si la nouvelle route traverse la forêt.
4. Dites que vous espérez prendre vos vacances la semaine prochaine.
5. Dites que vous n'aimez pas les vacances.
6. Demandez à ... s'il a beaucoup de vacances.
7. Demandez à ... s'il pleut aujourd'hui.
8. Dites que vous ne savez pas quel temps il fait aujourd'hui.
9. Demandez à ... s'il sait qu'il va pleuvoir.
10. Demandez à ... s'il sait où vous habitez.
11. Dites à ... que vous ne savez pas où il habite.
12. Demandez à ... où il habite.
13. Dites que vous habitez près d'ici.
14. Dites que vous restez à Paris jusqu'en juin.
15. Demandez à ... comment il va au bord de la mer.
16. Demandez à ... s'il aime la nouvelle route.
17. Demandez à ... si ses bagages sont dans l'auto.
18. Demandez à ... s'il sait où sont ses amis.
19. Dites que vos amis arrivent bientôt.
20. Demandez à ... combien de valises il a.
21. Dites à ... que vous comptez aller en ville samedi.
22. Demandez à ... s'il travaille vendredi prochain.
23. Demandez à ... jusqu'à quelle heure il travaille.
24. Dites à ... que vous ne savez pas à quelle heure vous allez travailler.
25. Demandez à ... s'il aime Paris au printemps.
26. Demandez à ... pourquoi il ne va pas à Paris en été.
27. Demandez à ... s'il y a beaucoup de monde à Paris en août.
28. Demandez à ... s'il sait à quelle heure arrive l'avion de Paris.
29. Dites à ... que vous ne savez pas le nom de l'hôtel où sont vos amis.
30. Dites à ... que vous allez déposer votre ami à la gare.
31. Dites-moi que j'exagère toujours.

Review Drills

Review 1

Tutor   : Vous arrivez à 1 heure?
Student: Non, j'arrive à 2 heures.

Tutor   : Vous arrivez à 3 heures?
Student: Non, j'arrive à 4 heures.

1. Vous déjeunez à midi?	Non, je déjeune à 1 heure.
2. Vous arrivez à 5 heures?	Non, j'arrive à 6 heures.
3. Vous déjeunez à 1 heure?	Non, je déjeune à 2 heures.
4. Vous arrivez à 8 heures?	Non, j'arrive à 9 heures.
5. Vous arrivez à 10 heures?	Non, j'arrive à 11 heures.
6. Vous arrivez à 6 heures?	Non, j'arrive à 7 heures.
7. Vous déjeunez à 11 heures?	Non, je déjeune à midi.
8. Vous arrivez à 9 heures?	Non, j'arrive à 10 heures.

Review 2

Tutor : Combien font 70 et 1?
Student: 70 et 1 font 71.

1. Combien font 60 et 1?	60 et 1 font 61.
2. Combien font 80 et 1?	80 et 1 font 81.
3. Combien font 69 et 1?	69 et 1 font 70.
4. Combien font 100 et 1?	100 et 1 font 101.
5. Combien font 89 et 1?	89 et 1 font 90.
6. Combien font 90 et 1?	90 et 1 font 91.
7. Combien font 20 et 1?	20 et 1 font 21.
8. Combien font 1.000 et 1?	1.000 et 1 font 1.001.

Review 3

Tutor : Combien font 10 et 6?
Student: 10 et 6 font 16.

1. Combien font 3 et 3?	3 et 3 font 6.
2. Combien font 3 et 4?	3 et 4 font 7.
3. Combien font 1 et 1?	1 et 1 font 2.
4. Combien font 6 et 6?	6 et 6 font 12.
5. Combien font 5 et 5?	5 et 5 font 10.
6. Combien font 2 et 1?	2 et 1 font 3.
7. Combien font 10 et 3?	10 et 3 font 13.
8. Combien font 10 et 2?	10 et 2 font 12.
9. Combien font 2 et 2?	2 et 2 font 4.
10. Combien font 12 et 2?	12 et 2 font 14.
11. Combien font 6 et 4?	6 et 4 font 10.
12. Combien font 16 et 4?	16 et 4 font 20.
13. Combien font 4 et 6?	4 et 6 font 10.

Review 4

Tutor : Avez-vous une auto?
Student: Non, je n'ai pas d'auto.

1. Avez-vous de la monnaie?	Non, je n'ai pas de monnaie.
2. Avez-vous de l'aspirine?	Non, je n'ai pas d'aspirine.
3. Avez-vous des enfants?	Non, je n'ai pas d'enfants.
4. Avez-vous une place?	Non, je n'ai pas de place.
5. Avez-vous du fromage?	Non, je n'ai pas de fromage.
6. Avez-vous une auto?	Non, je n'ai pas d'auto.
7. Avez-vous des vacances?	Non, je n'ai pas de vacances.
8. Avez-vous un frère?	Non, je n'ai pas de frère.

Review 5

Tutor : Aimez-vous la chaleur?
Student: Non, je n'aime pas la chaleur.

1. Avez-vous du pain?	Non, je n'ai pas de pain.
2. Apportez-vous une valise?	Non, je n'apporte pas de valise.
3. Assurez-vous la valise?	Non, je n'assure pas la valise.

4.	Assurez-vous les bagages?	Non, je n'assure pas les bagages.
5.	Comptez-vous la monnaie?	Non, je ne compte pas la monnaie.
6.	Avez-vous de la monnaie?	Non, je n'ai pas de monnaie.
7.	Critiquez-vous la Normandie?	Non, je ne critique pas la Normandie.
8.	Demandez-vous des fiches?	Non, je ne demande pas de fiches.
9.	Avez-vous les billets?	Non, je n'ai pas les billets.
10.	Avez-vous le billet?	Non, je n'ai pas le billet.
11.	Avez-vous du sucre?	Non, je n'ai pas de sucre.
12.	Savez-vous la leçon?	Non, je ne sais pas la leçon.
13.	Y a-t-il de l'aspirine?	Non, il n'y a pas d'aspirine.

Written Exercises (not recorded)

Exercise 1

Write the following numbers in full.

1. 15 _____
2. 52 _____
3. 47 _____
4. 81 _____
5. 93 _____
6. 31 _____
7. 86 _____
8. 28 _____
9. 74 _____
10. 67 _____
11. 59 _____
12. 101 _____
13. 24 _____
14. 83 _____

Exercise 2

Translate the following sentences.

1. There are several tickets left. _____
2. There is a question left. _____
3. They have children. _____
4. She has several French styles. _____
5. Some books are expensive. _____
6. There are several good classes. _____
7. There are many cars on the street. _____

8. It is necessary to work
   tomorrow.   _____
9. I would like to find a few
   white shirts.   _____
10. We speak to each student.   _____

Exercise 3

Answer the following questions negatively.

1. Montez-vous vos bagages?   _____
2. Avez-vous des bagages?   _____
3. Prend-il souvent de l'aspirine? _____
4. Ont-ils la monnaie de 100 francs? _____
5. Louez-vous la place?   _____
6. Avez-vous de la crème?   _____
7. Y a-t-il du soleil à Paris?   _____
8. Y a-t-il beaucoup de soleil à
   Washington?   _____
9. Faut-il acheter du pain?   _____
10. Allez-vous trouver des places? _____

Exercise 4

Using sentence 1 as a model, complete sentences 2 through 8.

1. Je suis dans ma chambre; je fais mes valises.
2. Elle _____
3. Nous _____
4. Mme Durand _____
5. Vous _____
6. Il _____
7. Je _____
8. M. Lelong _____

Exercise 5

Translate the following sentences into English.

1. Il fait sec dans le Midi en été.   _____
2. Il faut rester au bureau ce soir. _____
3. Il reste du fromage   _____
4. Il fait ses bagages.   _____
5. Quelle robe voulez-vous essayer? _____

6. Certains costumes vous vont très bien. _____

7. N'avez-vous pas l'adresse de Janine? _____

8. Chez quel ami déjeunez-vous? _____

9. Avec qui sortez-vous samedi? _____

10. Ce n'est pas la peine de téléphoner au gérant. _____

Unit 6

REVIEW

Basic Sentences and Useful Words

R-1

1.	I'd like you to meet Mr. Lelong.	Permettez-moi de vous présenter M. Lelong.
2.	I'm happy to meet you, Miss Courtois.	Je suis heureux de faire votre connaissance, Mademoiselle.
3.	How are you?	Comment allez-vous?
4.	Did you hear from your brother?	Avez-vous des nouvelles de votre frère?
5.	My sister is with them.	Ma soeur est avec eux.
6.	See you soon, I hope.	A bientôt, j'espère.
7.	It's near by.	Il est près d'ici.
8.	Send them my best regards.	Transmettez-leur mon meilleur souvenir.
9.	Are your parents still on vacation?	Vos parents sont-ils toujours en vacances?
10.	Will you show it to me?	Voulez-vous me la montrer?

R-2

1.	We have a nice room on the 1st floor.	Nous avons une jolie chambre au premier étage.
2.	It suits me just right.	Cela me convient tout-à-fait.
3.	I'll have your luggage brought in.	Je vais faire apporter vos bagages.
4.	It's a very good restaurant.	C'est un très bon restaurant.
5.	Wake me up tomorrow at seven o'clock.	Réveillez-moi demain à 7 heures.
6.	My family arrives this evening.	Ma famille arrive ce soir.
7.	I'm in a hurry.	Je suis pressé.
8.	I don't understand you.	Je ne vous comprends pas.
9.	You are late.	Vous êtes en retard.
10.	What does this word mean?	Que veut dire ce mot?

R-3

1.	They close at six.	Ils ferment à six heures.
2.	Do you want me to drop you off somewhere?	Voulez-vous que je vous dépose quelque part?
3.	I wouldn't want to bother you.	Je ne voudrais pas vous déranger.
4.	I'll get there in time.	J'arriverai à temps.
5.	I'm taking a taxi.	Je prends un taxi.
6.	We have several vacant.	Nous en avons plusieurs de libres.
7.	They're going upstairs.	Ils montent.
8.	It's midnight.	Il est minuit.
9.	It's a quarter to five.	Il est cinq heures moins le quart.
10.	My family arrives at a quarter to eleven.	Ma famille arrive à onze heures moins le quart.

R-4

1.	Would you fill out these forms?	Voulez-vous remplir ces fiches?
2.	I don't know.	Je ne sais pas.
3.	I think they close at six.	Je crois qu'ils ferment à 6 heures.
4.	It's no use.	Ce n'est pas la peine.
5.	How many trunks do you have?	Combien de malles avez-vous?
6.	How much do I owe you?	Combien vous dois-je?
7.	On what train are you leaving?	Par quel train partez-vous?
8.	My son is coming home next week.	Mon fils rentre la semaine prochaine.
9.	Don't read the lesson.	Ne lisez pas la leçon.
10.	Good-by, Miss Courtois.	Au revoir, Mademoiselle.

R-5

1.	I'd also like to buy shoes.	Je voudrais aussi acheter des chaussures.
2.	That's exactly what I need.	C'est exactement ce qu'il me faut.
3.	These are on sale.	Celles-ci sont en solde.
4.	Where can I reserve my seats?	Où puis-je retenir mes places?
5.	I can give you two window seats.	Je peux vous donner deux coins fenêtres.
6.	How's the weather in the winter?	Quel temps fait-il en hiver?
7.	He has a villa for the season.	Il a une villa pour la saison.
8.	We sell a lot of them.	Nous en vendons beaucoup.
9.	For what date?	Pour quelle date?
10.	The train leaves on time.	Le train part à l'heure.

R-6

1.	Which are the rush hour periods?	Quelles sont les heures d'affluence?
2.	Do you want to try them on?	Voulez-vous les essayer?
3.	It rains very often there.	Il y pleut très souvent.
4.	I'm planning to stay in Paris until May.	Je compte rester à Paris jusqu'en mai.
5.	Where can I get a platform ticket?	Où puis-je prendre un ticket de quai?
6.	Please follow me to the cash register, Sir.	Veuillez me suivre à la caisse, Monsieur.
7.	The weather is nice and cool there.	Il y fait beau et frais.
8.	My son is coming home next month.	Mon fils rentre le mois prochain.
9.	That's all that's left.	C'est tout ce qu'il reste.
10.	We don't live here in the Spring.	Nous n'habitons pas ici au printemps.

R-7

1.	One buys bread at the baker's.	On achète du pain chez le boulanger.
2.	Do you work on Wednesdays?	Travaillez-vous le mercredi?
3.	I don't know yet.	Je ne sais pas encore.
4.	Coats are cleaned at the dry cleaner's.	On fait nettoyer les manteaux chez le teinturier.

5. My wife doesn't like the heat.	Ma femme n'aime pas la chaleur.
6. Here are three styles in brown.	Voici trois modèles en marron.
7. Are you going out Tuesday?	Sortez-vous mardi?
8. That pair fits me fine.	Cette paire me va très bien.
9. What did you do over the week-end?	Qu'avez-vous fait pendant le week-end?
10. I went to Versailles.	Je suis allé à Versailles.

R-8

1. Nous allons en Normandie.
2. J'aime la Normandie.
3. Ils sont en Normandie.
4. Je traverse la Normandie.
5. Vous êtes en Normandie.
6. Il va en Normandie.
7. Nous aimons la Normandie.
8. Nous allons en Normandie.

R-9

1. Je vais à la pharmacie.
2. Je vais au magasin.
3. Je vais à l'hôtel.
4. Je vais au bureau.
5. Je vais à la gare.
6. Je vais en ville.
7. Je vais au rez-de-chaussée.
8. Je vais à l'épicerie.

R-10

1. J'aime la chambre.
2. Je déjeune dans la chambre.
3. Je suis dans la chambre.
4. Je ferme la chambre.
5. Je vais dans la chambre.
6. Je loue la chambre.
7. J'aime la chambre.
8. Je monte dans la chambre.

R-11

1. Ils aiment le rez-de-chaussée.
2. Ils sont au rez-de-chaussée.
3. Ils réparent le rez-de-chaussée.
4. Ils vont au rez-de-chaussée.
5. Ils louent le rez-de-chaussée.
6. Ils déjeunent au rez-de-chaussée.
7. Ils nettoient le rez-de-chaussée.
8. Ils travaillent au rez-de-chaussée.
9. Ils ont le rez-de-chaussée.
10. Ils aiment le rez-de-chaussée.

*R-12

1. Ils aiment le bord de la mer.
2. Ils vont au bord de la mer.
3. Ils vont à la campagne.
4. Nous déjeunons à la campagne.
5. Nous déjeunons au restaurant.
6. Je loue le restaurant.
7. Je loue la chambre.
8. Elles sont dans la chambre.
9. Elles sont au bord de la mer.
10. Nous allons au bord de la mer.
11. Nous allons à la boulangerie.
12. On ferme la boulangerie.
13. On ferme le café.
14. Elles arrivent au café.

*R-13

1. Ils vont au bord de la mer.
2. Ils aiment le bord de la mer.
3. Ils aiment la ville.
4. Nous déjeunons en ville.
5. Nous déjeunons au restaurant.
6. Je loue le restaurant.
7. Je loue le premier étage.
8. On monte au premier étage.
9. On monte dans la chambre.
10. Ils vont dans la chambre.
11. Ils vont au magasin.
12. Elle ferme le magasin.

R-14

1. Avez-vous du pain?
2. Avez-vous de la crème?
3. Avez-vous de la salade?
4. Avez-vous du sucre?
5. Avez-vous du lait?
6. Avez-vous du fromage?
7. Avez-vous de l'aspirine?
8. Avez-vous de la crème?

R-15

1. Y a-t-il des gâteaux?
2. Y a-t-il du vent?
3. Y a-t-il des bijoux?
4. Y a-t-il des autos?
5. Y a-t-il du soleil?
6. Y a-t-il des places?
7. Y a-t-il des billets?
8. Y a-t-il du beurre?
9. Y a-t-il des médicaments?

R-16

Tutor   : Y a-t-il du vent?
Student: Non, il n'y a pas de vent.

1. Y a-t-il du café?   Non, il n'y a pas de café.
2. Y a-t-il des places?   Non, il n'y a pas de places.
3. Y a-t-il du fromage?   Non, il n'y a pas de fromage.
4. Y a-t-il des oeufs?   Non, il n'y a pas d'oeufs.
5. Y a-t-il du soleil?   Non, il n'y a pas de soleil.
6. Y a-t-il de la salade?   Non, il n'y a pas de salade.
7. Y a-t-il des fenêtres?   Non, il n'y a pas de fenêtres.
8. Y a-t-il des nouvelles?   Non, il n'y a pas de nouvelles.
9. Y a-t-il du vent?   Non, il n'y a pas de vent.
10. Y a-t-il du lait?   Non, il n'y a pas de lait.

*R-17

1. Il n'y a pas de nouvelles.
2. Il y a des nouvelles.
3. Il y a des places.
4. Nous n'avons pas de places.
5. Nous n'avons pas de billets.
6. Nous avons des billets.
7. Nous avons des bagages.
8. Ils n'ont pas de bagages.
9. Ils n'ont pas de légumes.
10. Je voudrais des légumes.

R-18

1. On achète les médicaments à la pharmacie.
2. On achète le pain à la boulangerie.
3. On achète la viande à la boucherie.
4. On achète les bijoux à la bijouterie.
5. On achète le beurre à la crèmerie.
6. On achète les vêtements au grand magasin.
7. On achète les légumes chez le marchand de légumes.
8. On achète les médicaments à la pharmacie.

R-19

1. Allez à la pharmacie.
2. Allez chez le pharmacien.
3. Allez chez le bijoutier.
4. Allez à la boulangerie.
5. Allez chez le boucher.
6. Allez chez le teinturier.
7. Allez à la blanchisserie.
8. Allez chez le blanchisseur.
9. Allez à l'épicerie.
10. Allez chez le boucher.
11. Allez chez l'épicier.
12. Allez à la boulangerie.

R-20

Tutor : Ne pleut-il pas?
Student: Si, il pleut.

Tutor : Pleut-il?
Student: Oui, il pleut.

1. Ne fait-il pas beau?   Si, il fait beau.
2. Fait-il froid?   Oui, il fait froid.
3. Neige-t-il?   Oui, il neige.
4. N'y a-t-il pas de vent?   Si, il y a du vent.
5. Y a-t-il du soleil?   Oui, il y a du soleil.
6. Fait-il sec?   Oui, il fait sec.
7. Ne fait-il pas humide?   Si, il fait humide.
8. Y a-t-il du vent?   Oui, il y a du vent.
9. Ne pleut-il pas?   Si, il pleut.
10. Ne fait-il pas froid?   Si, il fait froid.
11. Fait-il humide?   Oui, il fait humide.
12. Ne fait-il pas chaud?   Si, il fait chaud.
13. N'y a-t-il pas de soleil?   Si, il y a du soleil.

R-21

1. La femme de chambre va vous y conduire.
2. Nous allons vous y conduire.
3. On va vous y conduire.
4. Mes amis vont vous y conduire.
5. Je vais vous y conduire.
6. Mon ami va vous y conduire.
7. Nous allons vous y conduire.
8. Janine va vous y conduire.
9. La femme de chambre va vous y conduire.

R-22

1. Mais ma famille arrive ce soir.
2. Mais nous arrivons ce soir.
3. Mais ma soeur arrive ce soir.

4. Mais j'arrive ce soir.
5. Mais vous arrivez ce soir.
6. Mais mon frère arrive ce soir.
7. Mais ma famille arrive ce soir.

R-23

Tutor   : Je suis pressé et je cherche l'enregistrement.
Student: C'est ici. Combien de malles avez-vous?

1. Ce monsieur est pressé et il cherche l'enregistrement. | C'est ici. Combien de malles a-t-il?
2. Elle est pressée et elle cherche l'enregistrement. | C'est ici. Combien de malles a-t-elle?
3. Nous sommes pressés et nous cherchons l'enregistrement. | C'est ici. Combien de malles avez-vous?
4. Je suis pressé et je cherche l'enregistrement. | C'est ici. Combien de malles avez-vous?
5. Ils sont pressés et ils cherchent l'enregistrement. | C'est ici. Combien de malles ont-ils?
6. Il est pressé et il cherche l'enregistrement. | C'est ici. Combien de malles a-t-il?
7. Elles sont pressées et elles cherchent l'enregistrement. | C'est ici. Combien de malles ont-elles?
8. Nous sommes pressés et nous cherchons l'enregistrement. | C'est ici. Combien de malles avez-vous?

R-24

Tutor   : Allez-vous dans le Midi?
Student: Non, je n'aime pas la chaleur.

1. Vont-ils dans le Midi? | Non, ils n'aiment pas la chaleur.
2. Va-t-elle dans le Midi? | Non, elle n'aime pas la chaleur.
3. Allez-vous dans le Midi? | Non, je n'aime pas la chaleur.
4. Vos parents vont-ils dans le Midi? | Non, ils n'aiment pas la chaleur.
5. Vos amies vont-elles dans le Midi? | Non, elles n'aiment pas la chaleur.
6. Votre ami va-t-il dans le Midi? | Non, il n'aime pas la chaleur.
7. Allez-vous dans le Midi? | Non, je n'aime pas la chaleur.

R-25

Tutor   : Et Henri, où va-t-il cette année?
Student: Il a une villa en Normandie pour la saison.

1. Et vous, où allez-vous cette année. | J'ai une villa en Normandie pour la saison.
2. Et votre amie, où va-t-elle cette année? | Elle a une villa en Normandie pour la saison.
3. Et vos amis, où vont-ils cette année? | Ils ont une villa en Normandie pour la saison.
4. Et votre ami, où va-t-il cette année? | Il a une villa en Normandie pour la saison.

5. Et vous, où allez-vous cette année?

J'ai une villa en Normandie pour la saison.

6. Et vous et votre femme, où allez-vous cette année?

Nous avons une villa en Normandie pour la saison.

7. Et vos amies, où vont-elles cette année?

Elles ont une villa en Normandie pour la saison.

8. Et Janine, où va-t-elle cette année?

Elle a une villa en Normandie pour la saison.

R-26

Tutor   : Avez-vous des vacances?
Student: Non, nous n'avons pas de vacances.

1. Avez-vous la date? — Non, nous n'avons pas la date.
2. Avez-vous des couchettes? — Non, nous n'avons pas de couchettes.
3. Allez-vous dans le Midi? — Non, nous n'allons pas dans le Midi.
4. Aimez-vous la chaleur? — Non, nous n'aimons pas la chaleur.
5. Fermez-vous à midi? — Non, nous ne fermons pas à midi.
6. Louez-vous le rez-de-chaussée? — Non, nous ne louons pas le rez-de-chaussée.
7. Habitez-vous au rez-de-chaussée? — Non, nous n'habitons pas au rez-de-chaussée.
8. Avez-vous une auto? — Non, nous n'avons pas d'auto.
9. Avez-vous les billets? — Non, nous n'avons pas les billets.
10. Avez-vous des billets? — Non, nous n'avons pas de billets.
11. Etes-vous en retard? — Non, nous ne sommes pas en retard.
12. Traversez-vous la ville? — Non, nous ne traversons pas la ville.
13. Aimez-vous la ville? — Non, nous n'aimons pas la ville.
14. Restez-vous en ville? — Non, nous ne restons pas en ville.
15. Commencez-vous à 9 heures? — Non, nous ne commençons pas à 9 heures.
16. Faites-vous les chambres? — Non, nous ne faisons pas les chambres.
17. Louez-vous des chambres? — Non, nous ne louons pas de chambres.
18. Avez-vous des amis? — Non, nous n'avons pas d'amis.
19. Fermez-vous les fenêtres? — Non, nous ne fermons pas les fenêtres.
20. Allez-vous chez le cordonnier? — Non, nous n'allons pas chez le cordonnier.
21. Faites-vous plusieurs modèles? — Non, nous ne faisons pas plusieurs modèles.
22. Réparez-vous des chaussures? — Non, nous ne réparons pas de chaussures.

R-27 (Lex. & Gr.)

1. I would like you to meet my friend. — Permettez-moi de vous présenter mon ami.
2. I'm happy to meet you, Mr. Durand. — Je suis heureux de faire votre connaissance, Monsieur.
3. Did you hear from your friends? — Avez-vous des nouvelles de vos amis?
4. Here are your friends. — Voilà vos amis.
5. My brother is coming home next week. — Mon frère rentre la semaine prochaine.
6. Are your parents going on vacation this year? — Vos parents vont-ils en vacances cette année?

7.	I always go to the south of France.	Je vais toujours dans le Midi.
8.	We don't like the heat.	Nous n'aimons pas la chaleur.
9.	When are you going to the seashore?	Quand allez-vous au bord de la mer?
10.	How is your friend?	Comment va votre ami?

R-28 (Lex. & Gr.)

1.	I hope it's my train.	J'espère que c'est mon train.
2.	It's a very good climate.	C'est un très bon climat.
3.	I'm not in a great hurry.	Je ne suis pas très pressé.
4.	What did you do over there?	Qu'avez-vous fait là-bas?
5.	I drove to Versailles.	Je suis allé à Versailles en auto.
6.	The new road goes through the forest.	La nouvelle route traverse la forêt.
7.	Do you know where he is?	Savez-vous où il est?
8.	At what time do they arrive?	A quelle heure arrivent-ils?
9.	How's the weather over there?	Quel temps fait-il là-bas?
10.	Where do they go over the weekend?	Où vont-ils pendant le week-end?

R-29 (Lex. & Gr.)

1.	What do they do over the week-end?	Que font-ils pendant le week-end?
2.	It's hot until September.	Il fait chaud jusqu'en septembre.
3.	We are in Paris.	Nous sommes à Paris.
4.	He's at the store until nine.	Il est au magasin jusqu'à neuf heures.
5.	He is always alone.	Il est toujours seul.
6.	Are you leaving together?	Partez-vous ensemble?
7.	I'm not leaving on Sunday.	Je ne pars pas dimanche.
8.	I don't know where I'm going.	Je ne sais pas où je vais.
9.	I think she's trying on her dress.	Je crois qu'elle essaie sa robe.
10.	They are packing.	Ils font les bagages.

R-30 (Lex. & Gr.)

1.	How many days do you have?	Combien de jours avez-vous?
2.	We find many of them.	Nous en trouvons beaucoup.
3.	That's all that's left.	C'est tout ce qu'il reste.
4.	They're still here.	Ils sont toujours ici.
5.	At what time do you open the store?	A quelle heure ouvrez-vous le magasin?
6.	When do you want to have lunch?	Quand voulez-vous déjeuner?
7.	We're going to take you there.	Nous allons vous y conduire.
8.	We change trains in Lyon.	Nous changeons de train à Lyon.
9.	I see my friends on weekends.	Je vois mes amis pendant le week-end.
10.	At what time are you free?	A quelle heure êtes-vous libre?

R-31 (Lexical)

1.	Do you have change for 1,000 francs?	Avez-vous la monnaie de 1.000 francs?
2.	The train arrives at midnight.	Le train arrive à minuit.
3.	It think it's too expensive.	Je crois que c'est trop cher.
4.	How are your friends?	Comment vont vos amis?
5.	It's very windy.	Il y a beaucoup de vent.
6.	We have no luggage.	Nous n'avons pas de bagages.
7.	It's the last train for Paris.	C'est le dernier train pour Paris.
8.	Here they are.	Les voici.
9.	Why don't you leave this evening?	Pourquoi ne partez-vous pas ce soir?
10.	That date suits me fine.	Cette date me convient tout-à-fait.

R-32 (Lex. & Gr.)

1.	What can I do?	Que puis-je faire?
2.	When can I go?	Quand puis-je partir?
3.	There is something over there.	Il y a quelque chose là-bas.
4.	In which compartment are they?	Dans quel compartiment sont-ils?
5.	On what train are you leaving?	Par quel train partez-vous?
6.	What time do they close?	A quelle heure ferment-ils?
7.	I don't know at what time they close.	Je ne sais pas à quelle heure ils ferment.
8.	You can always take a taxi.	Vous pouvez toujours prendre un taxi.
9.	I'll arrive Sunday afternoon.	J'arriverai dimanche après-midi.
10.	Where are you letting off your friends?	Où déposez-vous vos amis?

R-33 (Lexical)

1.	What size shirt do you wear?	Quelle est votre encolure?
2.	That's what I need.	C'est ce qu'il me faut.
3.	It's this way.	C'est par ici.
4.	That's what's left.	C'est ce qu'il reste.
5.	Give me two.	Donnez-m'en deux.
6.	Buy me some.	Achetez-m'en.
7.	It's on sale.	C'est en solde.
8.	Fruit is not expensive.	Les fruits ne sont pas chers.
9.	Does he wash his shirts?	Lave-t-il ses chemises?
10.	I drove downtown.	Je suis allé en ville en auto.

R-34 (Lexical)

1.	The road was slippery.	La route était glissante.
2.	She must also be very pretty.	Elle doit être aussi très jolie.
3.	Do you go through the forest?	Traversez-vous la forêt?
4.	It's a very nice villa.	C'est une très belle villa.
5.	It's warm and damp there.	Il y fait chaud et humide.
6.	I don't like the climate.	Je n'aime pas le climat.
7.	The countryside is very pretty in the spring.	La campagne est très jolie au printemps.

8. The sun is very strong today.   Le soleil est très fort aujourd'hui.
9. What's the weather like in the   Quel temps fait-il en hiver?
   winter?
10. I'm staying in Paris until next   Je reste à Paris jusqu'à la semaine
    week.   prochaine.

R-35 (Lexical)

1. It always snows.   Il neige toujours.
2. It was cold last year.   Il a fait froid l'année dernière.
3. Where are you planning to go   Où comptez-vous aller cet été?
   this summer?
4. Where do you live?   Où habitez-vous?
5. Do you like that restaurant?   Aimez-vous ce restaurant?
6. What are you going to do?   Qu'allez-vous faire?
7. She is prettier than Janine.   Elle est plus jolie que Janine.
8. Do you have any medicine?   Avez-vous des médicaments?
9. I don't know at what time they   Je ne sais pas à quelle heure ils
   close.   ferment.
10. It's the heat.   C'est la chaleur.

Comprehension Drills

R-36 (Identification)

Tutor : Je voudrais des billets.
Student: des

Tutor : C'est le train de 21 heures.
Student: le

1. Essayez ce costume.
2. Voilà le bureau.
3. J'aime les fruits.
4. Nous n'avons pas les billets.
5. Nous n'avons pas votre billet.
6. Je ne sais pas la date.
7. Avez-vous des bijoux?
8. Je n'aime pas le climat.
9. Je cherche ma couchette.
10. Où sont les gâteaux?

R-37 (Identification)

1. Changez de restaurant.
2. Je travaille aussi le samedi.
3. Voilà mon épicerie.
4. Avez-vous vos bagages?
5. Je n'aime pas le sucre.
6. Nous n'avons pas de bagages.
7. Ils ont le temps.
8. Voulez-vous les bijoux?
9. Je n'aime pas cette chambre.
10. Je cherche des chemises blanches.

R-38 (Identification)

1. Je vais faire apporter les bagages.
2. Aimez-vous les fruits?
3. Je ne sais pas où sont leurs places.
4. Est-ce que vous avez des places?
5. Je vais faire apporter leurs bagages.
6. Je cherche leur compartiment.
7. Avez-vous les billets?
8. Je ne sais pas où sont leurs places.
9. Fermez leurs fenêtres, s.v.p.
10. Je ne comprends pas leurs questions.

R-39 (Identification)

1. Où sont les légumes?
2. Voilà la valise.
3. J'aime cette paire.
4. Je ne prends pas de sucre.
5. Je n'aime pas ces costumes.
6. Voilà nos valises.
7. Où est l'épicerie?
8. Vous déjeunez avec votre soeur?
9. J'espère que vous avez les renseignements.
10. Il me faut dix oeufs.

R-40

Tutor : Voilà ce qui reste.
Student: Here is what's left.

1. Savez-vous où elle est?	Do you know where she is?
2. Avez-vous des billets?	Do you have any tickets?
3. Je crois qu'il est ici.	I think he is here.
4. Il va déposer ses amis à la gare.	He is going to let his friends off at the station.
5. Je compte rester jusqu'au douze.	I plan to stay until the 12th.
6. C'est 112 francs.	It is 112 francs.
7. Cet hiver, il a fait plus froid que l'hiver dernier.	This winter, the weather was colder than last winter.
8. Voilà un bon costume.	There is a good suit.
9. C'est 72 francs.	It is 72 francs.
10. Quel temps fait-il en été?	How's the weather in the summer?
11. Ça fait 205 francs.	It amounts to 205 francs.
12. Il habite au 12ème étage.	He lives on the 12th floor.

R-41

1. Ils vont vous y conduire.	They're going to take you there.
2. Leur fille est ici.	Their daughter is here.
3. Chaussez-vous du 38 ou du 39?	Do you wear shoe size 38 or 39?
4. Je voudrais parler à l'employé.	I would like to talk to the employee.
5. Allez-vous retenir des places?	Are you going to reserve any seats?
6. Leurs filles sont en vacances.	Their daughters are on vacation.

7. Je ne sais pas si j'arriverai à temps.
I don't know if I'll get there in time.

8. Je suis heureux d'être ici.
I'm happy to be here.

9. Parlez aux employés.
Speak to the employees.

10. Leur ami n'aime pas ce climat humide.
Their friend doesn't like this humid climate.

11. C'est exactement le modèle qu'il me faut.
That's exactly the style I need.

12. Elle veut essayer la robe.
She wants to try on the dress.

13. Ça veut dire autre chose.
It means something else.

14. Asseyez-vous; vous ne me dérangez pas.
Sit down; you are not disturbing me.

R-42

1. Ils ont des vacances.
They have a vacation.

2. Elle est toujours pressée.
She is always in a hurry.

3. Il aime la chaleur.
He likes the heat.

4. Elle a une villa pour l'été.
She has a villa for the summer.

5. Ils sont en vacances.
They are on vacation.

6. Elles ont beaucoup de bagages.
They have a lot of luggage.

7. Il est toujours à Paris.
He is still in Paris.

8. Elles arrivent ce soir.
They are arriving this evening.

9. Il habite près d'ici.
He lives near here.

10. Elle est en vacances.
She is on vacation.

11. Elle aime mon frère.
She loves my brother.

12. Il a des vacances.
He has a vacation.

13. Je crois qu'elle va bien.
I think she is fine.

14. Je ne sais pas où il est.
I don't know where he is.

R-43

Tutor : J'ai cinq enfants.
Student: I have 5 children.

1. J'ai cinquante francs.
I have 50 francs.

2. J'ai cinq enfants.
I have 5 children.

3. J'ai cinq cents francs.
I have 500 francs.

4. J'ai cent cinq francs.
I have 105 francs.

5. J'ai cinquante francs.
I have 50 francs.

6. J'ai cinq enfants.
I have 5 children.

7. J'ai cinq cents francs.
I have 500 francs.

8. J'ai cent cinq francs.
I have 105 francs.

9. J'ai cinquante francs.
I have 50 francs.

10. J'ai cent cinq francs.
I have 105 francs.

R-44

1. Ils ont deux enfants.
They have two children.

2. J'ai des enfants.
I have some children.

3. Il y a douze enfants.
There are twelve children.

4. Voilà leurs enfants.
Here are their children.

5. Voilà les enfants.
Here are the children.

6.	Y a-t-il des enfants?	Are there any children?
7.	Il y a douze enfants.	There are 12 children.
8.	Où sont leurs enfants?	Where are their children?
9.	Avez-vous deux enfants?	Do you have 2 children?
10.	Ils ont deux enfants.	They have 2 children.

R-45

1.	J'ai cinq francs.	I have 5 francs.
2.	Ça coûte cent francs.	It costs 100 francs.
3.	Il a cinq livres.	He has 5 books.
4.	Voilà cinq livres.	Here are 5 books.
5.	J'ai son livre.	I have his book.
6.	Il y a cent livres.	There are 100 books.
7.	Je prends cinq livres.	I'll take 5 books.
8.	Apportez cinq livres.	Bring 5 books.
9.	Achetez son billet.	Buy his ticket.
10.	Ça fait cent francs.	It amounts to 100 francs.

R-46

1.	C'est un très beau magasin.	It is a very nice store.
2.	C'est un très bon magasin.	It is a very good store.
3.	Que monte-t-il?	What is he taking upstairs?
4.	Que montre-t-il?	What is he showing?
5.	J'ai mes livres.	I have my books.
6.	J'aime mes livres.	I like my books.
7.	Vous savez la leçon?	You know the lesson?
8.	Vous avez la leçon?	You have the lesson?
9.	Il aime ma soeur.	He loves my sister.
10.	Voilà un bon livre.	Here is a good book.
11.	Que sait-il?	What does he know?
12.	Qu'essaie-t-il?	What is he trying on?
13.	Elle est là-bas.	She is over there.
14.	Allez là-bas.	Go over there.
15.	Il est là-bas.	He is over there.

Response Drills

R-47

1. Demandez à ... combien de fenêtres il y a dans la classe.
2. Demandez à ... s'il est heureux de parler français.
3. Demandez à ... s'il a des amis à Paris.
4. Demandez à ... quel temps il fait aujourd'hui.
5. Demandez à ... s'il y a un bon restaurant près d'ici.
6. Demandez à ... s'il va en ville à une heure.
7. Demandez à ... où vous pouvez prendre un taxi.
8. Demandez à ... s'il sait à quelle heure ferment les magasins.
9. Demandez à ... si son cordonnier est bon.
10. Demandez à ... où il fait nettoyer ses costumes.
11. Demandez à ... où il achète ses chemises.
12. Demandez à ... s'il va neiger ce soir.

13. Demandez à ... s'il compte rester au bureau cet après-midi.
14. Demandez à ... à quelle heure ses amis arrivent.
15. Demandez à ... s'il sait où est le café de Paris.
16. Demandez à ... si votre train est à l'heure.

R-48

1. Dites à ... qu'il n'est pas en retard.
2. Dites à ... que je ne parle pas anglais.
3. Dites à ... que vous n'aimez pas le vent.
4. Dites à ... que vous comptez aller en ville ce soir.
5. Dites à ... que je ne sais pas où il habite.
6. Dites à ... que vous n'avez pas de nouvelles de vos amis.
7. Dites à ... que vous n'avez pas son billet.
8. Dites à ... que vous ne savez pas la date de votre départ.
9. Dites à ... que vous êtes heureux de faire sa connaissance.
10. Dites à ... que je vais déposer mon ami à la gare.
11. Dites à ... que je ne sais pas où est ma place.
12. Dites à ... qu'il va prendre un taxi.
13. Dites à ... qu'il va pleuvoir dans la soirée.
14. Dites à ... qu'il a cinq minutes pour prendre son billet.
15. Dites à ... que vous partez par le train de six heures.
16. Dites à ... que vous aimez beaucoup sa villa.

VOCABULARY

French - English

(A)

à	- to, in, at	aspirateur m.	- vacuum cleaner
abord, d'-	- first	aspirine f.	- aspirin
accepter	- to accept	asseoir, s'-	- to sit down
accident m.	- accident	assez	- enough
accord, d'-	- agreed	assiette f.	- plate
acheter	- to buy	assister à	- attend
addition f.	- check	assurer	- to insure
affaire f.	- business	Atlantique m.	- Atlantic
affluence f.	- rush hours	attendre	- wait
heures d'-		attention f.	- attention
agence	- real estate	atterrir	- to land
immobilière f.		aujourd'hui	- today
agréable	- pleasant	au revoir	- goodby
aimer	- to like, to love	aussi	- also, too
air m.	- appearance	autant	- as many, as much
avoir l'-	to appear	auteur m.	- author
ajouter	- to add	auto f.	- car
allemand	- German	automne m.	- autumn
aller	- to go	autre	- other
aller m.	one-way ticket	avance, en -	- early
allo	- hello	avant	- before
allumette f.	- match	avec	- with
alors	- then	avenue f.	- avenue
américain	- American	avion m.	- airplane
Amérique f.	- America	par -	- airmail
ami m.	- friend	avoir	- to have
an m.	- year	il y a	there is, there
ancien	- old, former		are
anglais	- English	avril m.	- April
année f.	- year		
annonce f.	- advertisement	(B)	
annuaire m.	- directory	bagages m.	- luggage
août m.	- August	bain m.	- bath
apéritif m.	- appetizer	salle de bains	bathroom
	(drink)	bas, en -	- downstairs
appareil m.	- appliance	beau	- beautiful
appartement m.	- apartment	beaucoup	- much, many
appeler	- to call	besoin m.	- need
apporter	- to bring	avoir besoin	- to need
après	- after	beurre m.	- butter
après-midi m.f.	- afternoon	bibliothèque f.	- library
argent m.	- money	bien	- well
armoire f.	- wardrobe	eh -	in that case
arrivée f.	- arrival	bientôt	- soon
arriver	- to arrive,		
	to happen		

bijou m.	- jewel	chaleur f.	- heat
bijouterie f.	- jewelry store	chambre f.	- bedroom
bijoutier m.	- jeweler	changer (de)	- to change
billet m.	- ticket	chaque	- each
blanc	- white	charmant	- charming
blanchisserie f.	- laundry	chateaubriand m.	- chateaubriand steak
blanchisseur m.	- laundryman	chaud	- warm, hot
bleu	- blue	avoir -	to be hot
block m.	- notebook	chauffeur m.	- driver
blond	- blond	chausser	- to wear (shoe size)
boire	- to drink	chaussure f.	- shoe
boîte f.	- box	chemise f.	- shirt
- aux lettres	mailbox	cher	- expensive, dear
bon	- good	chercher	- to look for
bonjour	- hello	aller -	to go get
bonne f.	- maid	venir -	to come get
bord m.	- edge	envoyer -	to send for
- de la mer	seashore	cheveu m.	- hair
boucher m.	- butcher	chez	- to, at
boucherie f.	- butcher shop	chinois	- Chinese
bouillabaisse f.	- seafood soup	choisir	- to choose
boulanger m.	- baker	chose f.	- thing
boulangerie f.	- bakery	quelque chose	something
bout m.	- end	cigare m.	- cigar
brosse f.	- brush	cinq	- five
brun	- brown	cinquante	- fifty
bureau m.	- desk, office	ciré	- waxed
buvard m.	- blotter	clair	- light (colored)
		classe f.	- class, classroom
		clef f.	- key
(C)		client m.	- customer
ça	- that	climat m.	- climate
c'est -	fine	coiffeur m.	- barber, hairdresser
café m.	- coffee, cafe	coin m.	- corner
caisse f.	- cash register	coin fenêtre	window seat
campagne f.	- countryside	colis m.	- parcel
car	- because	combien	- how much, how many
carafe f.	- carafe	commande f.	- order
carte f.	- menu	comme	- like, as, how
carte postale f.	- postcard	- c'est commode	how convenient
cas m.	- case	commencer	- to begin, to start
cause, à - de	- because	comment	- how
ce (c')	- this, that, it	commode	- convenient
cet		commode f.	- dresser
cette		communicant	- connecting
ces		compartiment m.	- compartment
celui, celle	- the one	composer	- to dial
celles-ci	these	comprendre	- to understand, to
cent	- hundred		include
certain	- certain	compter	- to intend, to count
certainement	- certainly	concierge m.f.	- janitor, manager
chaise f.	- chair		

condition de, à -	- provided	déposer	- to deposit, to drop off
conduire	- to take to,	depuis	- since, for
	to drive	déranger	- to disturb
conférence f.	- conference	dernier	- last, latter
connaissance f.	- acquaintance	des	- some, any
connaître	- to know	descendre	- to go down, to stay at
construire	- to build	re-	to go down again
content	- pleased, happy	désirer	- to desire, to wish
convenir (à)	- to suit	dessert m.	- dessert
conversation f.	- conversation	détruire	- to destroy
cordonnier m.	- shoemaker	deux	- two
costume m.	- suit	dévaluation f.	- devaluation
côté, à -	- next to	devenir	- to become
de ce -	on this side	devoir	- to have to, to owe
couchette f.	- berth	dialogue m.	- dialogue
couloir m.	- corridor	dicter	- to dictate
coupe f.	- cut	dictionnaire m.	- dictionary
couper	- to cut	différence f.	- difference
cour f.	- courtyard	difficile	- difficult
courrier m.	- mail	dimanche m.	- Sunday
course f.	- errand	dîner m.	- dinner
court	- short	dîner	to have dinner
couteau m.	- knife	dire	- to say
coûter	- to cost	vouloir dire	to mean
couverture f.	- blanket	discours m.	- speech
couvre-lit m.	- bedspread	distribution f.	- distribution
crayon m.	- pencil	dix	- ten
crème f.	- cream	dix-huit	- eighteen
crèmerie f.	- dairy	dix-neuf	- nineteen
crémier m.	- dairyman	dix-sept	- seventeen
critiquer	- to criticize	dommage, c'est -	- that's too bad
croire	- to believe	donc	- then, therefore
cuiller f.	- spoon	donner	- to give
cuisine f.	- kitchen	dont	- of which, for which
		dormir	- to sleep
(D)		doute m.	- doubt
dactylo f.	- typist	douze	- twelve
dans	- in, on	drap m.	- sheet
date f.	- date	droit m.	- right
de	- to, from, of	avoir - à	have a right to
décembre m.	- December	droite f.	- right
décrocher	- to unhook, to	de -	right hand side
	take off the hook	à -	on the right
déjà	- already	du	- some
déjeuner m.	- lunch		
déjeuner	- to have lunch	(E)	
demain	- tomorrow	écouter	- to listen
demander	- to ask	efficace	- effective
demi	- half	effort m.	- effort
départ m.	- departure	électrique	- electric
dépêcher, se -	- to hurry	elle, elles	- she, it, they

employé m.	- employee	facteur m.	- mailman
emporter	- to take away, to take along	faim f. avoir -	- hunger to be hungry
en	- in, on, to, at, some, of it, of them, from there	faire falloir	- to do, to make - to be necessary, to need, to have to
encolure f.	- neck size	familier	- familiar
encore	- again, still	famille f.	- family
pas -	not yet	fauteuil m.	- armchair
encre f.	- ink	faux	- false
enfant m.	- child	femme f.	- woman, wife
enfin	- at last	- de chambre	chambermaid
enregistrement m.	- baggage room	fenêtre f.	- window
enregistrer	- to register	coin - m.	window seat
ensemble	- together	fermer	- to close
ensoleillé	- sunny	février m.	- February
ensuite	- then, afterwards	fiche f.	- form
entendre	- to hear	fille f.	- daughter
entendu	alright	fils m.	- son
entre	- between	fleur f.	- flower
entrée f.	- entrance	fois f.	- time
entrer	- to go in, to come in	une - deux -	once twice
entretenir	- to maintain, to care for	foncé football m.	- dark (color) - soccer
enveloppe f.	- envelope	forêt f.	- forest
environ	- about, around	fort	- loud, strong, quite
envoyer	- to send	fourchette f.	- fork
épicerie f.	- grocery store	frais	- fresh, cool
épicier	- grocer	franc m.	- franc
escalier m.	- stairway	français	- French
espagnol	- Spanish	frère m.	- brother
espérer	- to hope	frit	- fried
essayer	- to try	froid	- cold
et	- and	avoir -	to be cold
étage m.	- floor	fromage m.	- cheese
au premier -	on the second -	fruit m.	- fruit
été m.	- summer	fumeur m.	- smoker
être	- to be		
étudiant m.	- student	(G)	
eux	- them	gagner	- earn
exactement	- exactly	garçon m.	- boy, waiter
exagérer	- to exaggerate	gare f.	- station
excuser	- to excuse	gâteau m.	- cake
s'-	to apologize	gauche f.	- left
exemplaire m.	- copy	gauloise f.	- cigarette brand
expédier	- to send	gaz m.	- gas
		geler	- to freeze
(F)		général, en -	- generally
face, en -	- in front, across	gens	- people
facile	- easy	gérant m.	- manager
-ment	easily		

gigot m.	- leg of lamb	jaune	- yellow
glissant	- slippery	je, j'	- I
gomme f.	- eraser	jeter	- to throw
grand	- large, big	jeudi m.	- Thursday
grand magasin	- department store	jeune	- young
grandir	- to grow up	joli	- pretty
gris	- gray	jour m.	- day
gros	- big, heavy	journée f.	- day
grossir	- to gain weight	journal m.	- newspaper
guichet m.	- ticket window	juillet m.	- July
		juin m.	- June
		jusque	- until
(H)		justement	- precisely, anyway
habiller	- to dress		
habiter	- to live	(L)	
habitude, d'-	- usually	l', la,	- the, it
comme d'-	as usual	là	- there
habituel	- regular	là-bas	over there
haricot m.	- bean	laisser	- to leave, to let
haut	- haut, high	lait m.	- milk
en -	upstairs	lame f.	- blade
heure f.	- hour	laver	- to wash
à l'-	on time	le, l'	- the, it
à tout à l'heure -	see you later	leçon f.	- lesson
heureux	- happy	légume m.	- vegetable
hiver m.	- winter	les	- the, them
homme m.	- man	lettre f.	- letter
hors-d'oeuvre m.	- hors-d'oeuvre	leur	- their, to them
hôtel m.	- hotel	levée f.	- mail collection
huit	- eight	libre	- vacant, free
humide	- damp	lieu m.	- place
		y avoir - de	to have reason to
(I)		linge m.	- linen
ici	- here	lire	- to read
par -	this way	lit m.	- bed
il	- he, it	wagon-lit m.	sleeping car
ils	- they	livre m.	- book
immédiatement	- immediately	locataire m.f.	- tenant
immeuble m.	- building	location f.	- reservation window
important	- important	loin	- far
inquiéter, s'-	- to worry	long	- long
installer	- to install	longtemps	- long, for a long time
intéressant	- interesting	en avoir pour -	to be long
introduire	- to introduce	louer	- to reserve, to rent
inviter	- to invite	lundi m.	- Monday
Italie f.	- Italy	lui	- to him, to her
italien	- Italian		
		(M)	
(J)		m'	- me, to me
jamais, ne ...-	- never	ma	- my
janvier m.	- January	machine f.	- machine
jardin m.	- garden (flower)	- à écrire f.	typewriter

madame f.	- Mrs., madam	mieux	- better
mademoiselle f.	- Miss	mille m.	- thousand
magasin m.	- store	milliard m.	- billion
mai m.	- May	million m.	- million
maigre	- thin	minuit m.	- midnight
maigrir	- to lose weight	minute f.	- minute
maintenant	- now	modèle m.	- style
maintenir	- to maintain	moderne	- modern
mais	- but	moi	- me
maison f.	- house	moindre	- smaller, lesser
mal	- bad	le -	the smallest,
pas - de	quite a bit		the least
malgré	- in spite of	moins	- less
malle f.	- trunk	mois m.	- month
mandat m.	- money order	moment m.	- moment
manger	- to eat	mon	- my
salle à - f.	diningroom	monde m.	- world
manquer	- to fail, to miss	trop de -	too many people
je n'y manquerai	I certainly	monnaie f.	- change
pas	will	monsieur m.	- Mr., Sir, gentleman
manteau m.	- coat	messieurs	gentlemen
marchand m.	- merchant	monter	- to go up, to take up
marche f.	- step	re-	to go up again
marcher	- to walk	montrer	- to show
mardi m.	- Tuesday	morceau m.	- piece
mari m.	- husband	mot m.	- word
marron	- brown	mourir	- to die
mars m.	- March		
match m.	- game	(N)	
matin m.	- morning	naître	- to be born
matinée f.	- morning	nappe f.	- tablecloth
mauvais	- bad	narration f.	- narration
me, m'	- me, to me	naturellement	- naturally
médicament m.	- medicine	ne, n', ne...pas	- adverb. conjunctive
meilleur	- best, better		particle mainly used
meilleur que	better than		in negative
même	- same		constructions
ici même	right here	nécessaire	- necessary
moi-même	myself	neiger	- to snow
tout de même	nevertheless	ne...que	- only
mentir	- to lie	nettoyer	- to clean
mer f.	- sea	neuf	- nine
bord de la -	seashore	neuf	- new
merci	- thank you	noir	- black
mercredi m.	- Wednesday	nom m.	- name
mère f.	- mother	non	- no
mes	- my	Normandie f.	- Normandy
mettre	- to put	nos	- our
midi m.	- noon	notre	- our
le Midi	south of	nôtre	- ours
	France	nous	- we

nouveau	- new	patron m.	- owner, boss
nouvelle f.	- news	pauvre	- poor
novembre m.	- November	payer	- to pay
numéro m.	- number	peigne m.	- comb
		peine f.	- trouble
(O)		ce n'est pas	it's not worth the
obéir	- to obey	la -	trouble
obtenir	- to get, to	pendant	- during, for
	obtain	penderie f.	- clothes closet
occuper de, s'-	- to take care of	penser	- to think
octobre m.	- October	père m.	- father
oeil m.	- eye	permettre	- to permit
coup d'- m.	- glance	personne, ne -	- no one, nobody
oeuf m.	- egg	peser	- to weigh
on	- one, someone,	petit	- small
	they, we	peu	- little, few
onze	- eleven	peur f.	- fear
ou	- or	avoir peur	to be afraid
où	- where	pharmacie f.	- pharmacy
oublier	- to forget	pharmacien m.	- pharmacist
oui	- yes	phrase f.	- sentence
ouvrir	- open	pièce f.	- room
		pied m.	- foot
(P)		à pied	on foot
page f.	- page	pire, le -	- worse, the worst
pain m.	- bread	pis, le -	- worse, the worst
paire f.	- pair	place f.	- seat
pâlir	- to get pale	plaindre, se -	- complain
papier m.	- paper	plaire	- to please
- à lettre m.	- stationary	s'il vous plaît	please
paquet m.	- package	plat m.	- dish
par	- by	- du jour m.	daily special
- ici	this way	pleuvoir	- to rain
parc m.	- park	pluie f.	- rain
parce que	- because	plus	- more
pardon	- excuse me	pointure f.	- shoe size
parent m.	- parent	politique f.	- politics
parfait	- perfect	pomme de terre f.	- potato
parisien	- Parisian	- frite	fried potato
parler	- to speak	porte f.	- door
part f.	- behalf	porter	- to wear, to carry
c'est de la - de	who is	postal	- postal
qui?	calling?	poste f.	- post office
partir	- to leave	pour	- for, in order to
re-	to leave again	pourboire m.	- tip
pas, ne...pas	- not	pourquoi	- why
passer	- to go by, to	pousser	- to grow
	come by, to pass	pouvoir	- to be able to
pâté m.	- pâté	peut-être	maybe, perhaps
pâtisserie f.	- pastry shop	premier	- first
pâtissier m.	- pastry (maker)	prendre	- to take

près	- near	ralentir	- to slow down
présenter	- to present	ranger	- to put away, in order
	to introduce	rappeler	- to recall
président m.	- president	rapporter	- to bring back
presque	- almost	rayon m.	- shelf, department
pressé	- in a hurry	razoir m.	- razor
prêt	- ready	récepteur m.	- receiver
prêter	- to lend	recevoir	- to receive
prétexte m.	- pretext	recommandé	- registered
sous -	pretending	recommencer	- to begin again
prévenir	- to inform, warn	redescendre	- to go down again
prier	- to pray	regarder	- to look
je vous en prie	you're welcome	région f.	- region
prince m.	- prince	remercier	- to thank
printemps m.	- spring	remonter	- to go up again
prochain	- next	remplir	- to fill
produire	- to produce	rencontrer	- to meet
proposer	- to propose	se -	to meet one another
propriétaire m.f.	- landlord, -lady	rendez-vous m.	- date, appointment
(Q)		prendre -	to make a date
quai m.	- platform, quay	renseignement m.	- information
quand	- when	rentrer	- to come back, to go
quarante	- forty		home, to return
quart m.	- quarter	réparer	- to repair
midi et -	quarter past	repartir	- to leave again
	noon	repas m.	- meal
quartier m.	- district,	repasser	- to iron
	neighborhood	répéter	- to repeat
quatorze	- fourteen	répondre	- to answer, to reply
quatre	- four	réponse f.	- answer
quatre-vingt	- eighty	reprendre	- to take back
quatre-vingt-dix	- ninety	ressortir	- to go out again
que, qu'	- that, what, than	restaurant m.	- restaurant
	as	rester	- to be left, to stay
quel	- which, what	retard, en -	- late
quelquefois	- sometimes	retenir	- to reserve
quelques	- a few	retomber	- to fall again
quelqu'un m.	- someone	retour m.	- return
question f.	- question	retourner	- to return
être - de	to be a matter	retrouver	- to meet
	of	se -	to meet one another
qui	- who, whom	réussir	- to succeed
quinze	- fifteen	réveiller	- to wake
quitter	- to leave	revenir	- to come back
ne quittez pas	hold the line	revue f.	- magazine
quoi	- what	rez-de-chaussée m.-	street floor
(R)		rideau m.	- curtain
raccrocher	- to hang up	rien	- nothing
raison	- reason	risquer	- to run a risk
avoir -	to be right	robe f.	- dress
		rouge	- red
		rougir	- to blush

route f.	- road	sortir	- to go out
roux	- red	sous	- under
rubrique f.	- column, section	sous-sol m.	- basement
rue f.	- street	souvenir m.	- regards, souvenir
russe	- Russian	se -	to remember
		souvent	- often
(S)		spécialité f.	- specialty
sa	- his, her, its,	sportif	- athletic
	one's	sténo f.	- shorthand
saison f.	- season	sucre m.	- sugar
salade f.	- lettuce	suite, tout de -	- right away
salle f.	- room	suivre	- to follow
- de bains	bathroom	suivant	next
salon m.	- livingroom	sur	- on
samedi m.	- Saturday	sûr	- sure
sans	- without	bien -	of course
satisfait	- satisfied		
savoir	- to know	(T)	
savon m.	- soap	table f.	- table
sec	- dry	tant	- so much
secrétaire f.	- secretary	taper	- to type
seize	- sixteen	tard	- late
semaine f.	- week	taxi m.	- taxi
semelle f.	- sole	teinturerie f.	- dry cleaner's
sentir	- to feel, to	teinturier m.	- dry cleaner
	smell	télégramme m.	- telegram
sept	- seven	téléphone m.	- telephone
septembre m.	- September	téléphoner	- to telephone
service m.	- service	temps m.	- time, weather
serviette f.	- napkin	à temps	in time
servir	- to serve	tenir	- hold
ses	- his, her, its,	tenir à	- to insist upon, to be
	one's		fond of
seul	- alone	terminer	- to finish
seulement	- only	terrasse f.	- terrace
si, s'	- if, yes, so	texte m.	- text
signer	- to sign	ticket m.	- ticket
sinon	- otherwise	tiens!	- well!
six	- six	timbre m.	- stamp
soeur f.	- sister	tiroir m.	- drawer
sofa m.	- sofa	tomber	- to fall
soi, chez -	- one's home	tôt	- early
soir m.	- evening	toujours	- always, still
soirée f.	- evening	tout	- all, whole, everything
soixante	- sixty	pas du -	not at all
soixante-dix	- seventy	- de suite	right away
solde m.	- sale	- à fait	completely, quite
en solde	on sale	traduire	- to translate
soleil m.	- sun	train m.	- train
son	- his, her, its,	être en - de	- to be in the process
	one's		of

tranche f.	- slice	voici	- here is
transmettre	- to send, to transmit	voilà	- there is
transport m.	- transportation	voir	- to see
travail m.	- work	volontiers	- willingly
travailler	- to work	vos	- your
traverser	- to cross, to go through	votre	- your
		vôtre	- yours
treize	- thirteen	vouloir	- to want
trente	- thirty	- dire	to mean
très	- very	vous	- you
trois	- three	voyager	- to travel
trombone m.	- paper clip	vrai	- true, real
trop	- too much, too many	vraiment	- really
		vue f.	- view, sight
trouver	- to find		
se -	to be located		

(W)

wagon m.	- car, coach
- restaurant m.	dining car
- lit m.	sleeping car
week-end m.	- weekend

un, une	- a, one
urgent	- urgent
utile	- useful

(Y)

y	- there, to it, to them
je n'y manquerai pas	I certainly will

(V)

vacances f.	- vacation
valise f.	- suitcase
varié	- varied, assorted
vendeur m.	- salesman
vendeuse f.	- salesgirl
vendre	- to sell
vendredi m.	- Friday
venir	- to come
- de	to have just
vent m.	- wind
verre m.	- glass
vers	- toward, around
vert	- green
vêtement m.	- clothes
viande f.	- meat
vie f.	- life
vieillir	- to grow old
villa f.	- villa
ville f.	- town, city
en -	downtown
vin m.	- wine
vingt	- twenty
visiter	- to visit, to inspect
vite	- fast
vitesse f.	- speed
à toute -	as fast as you can

English - French

(A)

English	French
a	- un, une
about	- environ
to be about	être question de
absent, to be -	- s'absenter
accept, to -	- accepter
accident	- accident m.
acquaintance	- connaissance f.
across	- en face
add, to -	- ajouter
advertisement	- annonce f.
after	- après
afternoon	- après-midi m.f.
afterwards	- ensuite
again	- encore
agreed	- d'accord, entendu
airplane	- avion m.
all	- tous, tout
not at all	pas du tout
all right	entendu
almost	- presque
alone	- seul
already	- déjà
also	- aussi
always	- toujours
America	- Amérique f.
American	- américain
and	- et
answer, to -	- répondre
answer	- réponse f.
apartment	- appartement m.
apologize, to -	- s'excuser
appear, to -	- avoir l'air
appetizer (drink)	- apéritif m.
appliance	- appareil m.
appointment	- rendez-vous m.
April	- avril m.
armchair	- fauteuil m.
around	- vers
arrival	- arrivée f.
arrive, to -	- arriver
as	- comme
as...as	- aussi...que
ask, to -	- demander
aspirin	- aspirine f.
assorted	- varié
at	- en, à, chez
Atlantic	- Atlantique
attend, to -	- assister
attention	- attention f.
August	- août m.
author	- auteur m.
auto	- auto f.
autumn	- automne m.
avenue	- avenue f.

(B)

English	French
bad	- mal
too bad	dommage
baker	- boulanger m.
bakery	- boulangerie f.
barber	- coiffeur m.
basement	- sous-sol m.
bathroom	- salle de bains f.
be, to -	- être
bean	- haricot m.
beautiful	- beau
because	- parce que, car
- of	à cause de
become, to -	- devenir
bed	- lit m.
bedroom	- chambre f.
bedspread	- couvre-lit m.
before	- avant
begin, to -	- commencer
- again	recommencer
behalf, on - of	- de la part de
believe, to -	- croire
berth	- couchette f.
best	- meilleur
better than	- meilleur que
between	- entre
big	- gros
billion	- milliard m.
bit	- un peu de
quite a -	pas mal de
black	- noir
blade	- lame f.
blanket	- couverture f.
blond	- blond
blotter	- buvard m.
blue	- bleu
blush, to -	- rougir
book	- livre m.
born, to be -	- naître
boss	- patron m.
bother, to -	- déranger
don't bother	ce n'est pas la peine

box	- boîte f.	dry cleaner's	- teinturerie f.
boy	- garçon m.	climate	- climat m.
bread	- pain m.	close, to -	- fermer
brother	- frère m.	closet, clothes -	- penderie f.
brown	- brun, marron	clothes	- vêtements m.
brush	- brosse f.	coat	- manteau m.
build, to -	- construire	coffee	- café m.
building	- immeuble m.	cold, to be -	- avoir froid
business	- affaire f.	column	- rubrique f.
but	- mais	comb	- peigne m.
butcher	- boucher m.	come, to -	- venir
- shop	boucherie f.	come by, to -	passer
butter	- beurre m.	come back, to -	revenir
buy, to -	- acheter	compartment	- compartiment m.
by	- par	complain, to -	- se plaindre
		concierge	- concierge m.f.
(C)		conference	- conférence f.
cafe	- café m.	connecting	- communicant
cake	- gâteau m.	convenient	- commode
call, to -	- appeler	conversation	- conversation f.
who is calling?	c'est de la	copy	- exemplaire m.
	part de qui?	corner	- coin m.
can	- pouvoir	corridor	- couloir m.
car	- auto f.	cost, to -	- coûter
sleeping -	wagon-lit m.	countryside	- campagne f.
dining -	wagon-restau-	course, of -	- bien sûr
	rant m.	courtyard	- cour f.
carafe	- carafe f.	cream	- crème f.
care, to take - of	- s'occuper de	criticize, to -	- critiquer
carry, to -	- porter	curtain	- rideau m.
case	- cas m.	customer	- client m.
cash register	- caisse f.	cut, to -	- couper
certain	- certain	cut	- coupe f.
certainly	- certainement		
chair	- chaise f.	(D)	
chambermaid	- femme de chambre	dairy	- crémerie f.
change, to -	- changer /f.	(man)	crémier m.
change	- monnaie f.	damp	- humide
charming	- charmant	dark (color)	- foncé
check	- addition f.	date	- date f.,
check, to - in	- enregistrer		rendez-vous m.
cheese	- fromage m.	daughter	- fille f.
child	- enfant m.	day	- jour m., journée f.
Chinese	- chinois	dear	- cher
choose, to -	- choisir	December	- décembre m.
cigar	- cigare m.	department	- rayon m.
city	- ville f.	department store	grand magasin m.
class	- classe f.	departure	- départ m.
classroom	- classe f.	deposit, to -	- déposer
clean, to -	- nettoyer	desk	- bureau m.
cleaner, dry -	- teinturier m.	dessert	- dessert m.

destroy, to -	- détruire
devaluation	- dévaluation f.
dial, to -	- composer
dialogue	- dialogue m.
dictate, to -	- dicter
dictionary	- dictionnaire **m.**
die, to -	- mourir
difference	- différence f.
difficult	- difficile
dine, to -	- dîner
dinner	- dîner m.
directory	- annuaire m.
distribution	- distribution f.
district	- quartier m.
disturb, to -	- déranger
do, to -	- faire
door	- porte f.
doubt	- doute m.
downstairs	- en bas
drawer	- tiroir m.
dress, to -	- habiller
dress	robe f.
dresser	- commode f.
drink, to -	- boire
drive, to -	- conduire
driver	- chauffeur m.
drop, to - off	- déposer
dry	- sec
during	- pendant

(E)

each	- chaque
early	- tôt, en avance
earn, to -	- gagner
easily	- facilement
easy	- facile
edge	- bord m.
effective	- efficace
effort	- effort m.
egg	- oeuf m.
eight	- huit
eighteen	- dix-huit
eighty	- quatre-vingts
electric	- électrique
eleven	- onze
employee	- employé m.
end	- bout m.
English	- anglais
enough	- assez
enter, to -	- entrer
entrance	- entrée f.

envelope	- enveloppe f.
eraser	- gomme f.
errand	- course f.
evening	- soir m., soirée f.
every	- tous les
exactly	- exactement
exaggerate, to -	- exagérer
excuse, to -	- excuser
excuse-me	pardon
expensive	- cher
eye	- oeil m.

(F)

fail, to -	- manquer
fall, to -	- tomber
- again	retomber
false	- faux
familiar	- familier
family	- famille f.
far	- loin
fast	- vite
father	- père m.
fear	- peur f.
February	- février m.
feel, to -	- sentir
few, a -	- quelques
fifteen	- quinze
fill, to -	- remplir
find, to -	- trouver
fine	- bien
finish, to -	- terminer
first	- premier, d'abord
fit, to -	- aller
five	- cinq
floor	- étage m.
street floor	rez-de-chaussée m.
flower	- fleur f.
follow, to -	- suivre
foot	- pied m.
for	- pour, depuis, pendant
- rent	à louer
forest	- forêt f.
forget, to -	- oublier
fork	- fourchette f.
form	- fiche f.
former	- ancien
forty	- quarante
four	- quatre
fourteen	- quatorze
franc	- franc m.
free, vacant	- libre

freeze	- geler	hello	- allo, bonjour
French	- français	help, to	- aider
fresh	- frais	may I - you	que désirez-vous?
Friday	- vendredi m.	her	- son, sa, ses
fried	- frit	to -	lui
friend	- ami	here	- ici
from	- de	- it is	voilà
front, in -	- en face	high	- haut
fruit	- fruit m.	him	- lui
		his	- son, sa, ses
(G)		hold, to -	- tenir
gain weight, to	- grossir	- the line	ne quittez pas
game	- match m.	home, one's -	- chez soi
garden (flower -)	- jardin m.	hope, to -	- espérer
gas (not gasoline)	- gaz m.	hors-d'oeuvre	- hors-d'oeuvre m.
generally	- en général	hot	- chaud
gentleman	- monsieur	to be -	avoir chaud
-men	messieurs	hotel	- hôtel m.
German	- allemand	hour	- heure f.
get, to	- obtenir	rush hours	heures d'affluence
give, to	- donner	house	- maison f.
glass	- verre m.	how	- comment
go, to	- aller	- convenient	comme c'est commode!
- away	s'en aller	hundred	- cent
- by	passer	hunger	- faim f.
- down	descendre	hungry, to be -	- avoir faim
- home	rentrer	hurry, to -	- se dépêcher
- out	sortir	in a -	pressé
- through	traverser	husband	- mari m.
- up	monter		
good	- bon	(I)	
goodby	- au revoir	I	- je, j'
gray	- gris	if	- si
green	- vert	immediately	- immédiatement
grocer	- épicier m.	important	- important
- store	épicerie f.	in	- en, dans, à
grow, to	- pousser	include, to -	- comprendre
- up	grandir	information	- renseignement m.
		ink	- encre f.
(H)		insist, to - on	- tenir à
hair	- cheveu	install, to -	- installer
half	- demi	insure, to -	- assurer
hang up, to	- raccrocher	intend, to -	- compter
happen, to	- arriver	interesting	- intéressant
happy	- heureux	introduce, to -	- introduire
have, to	- avoir	invite, to -	- inviter
- something done	faire + verb	iron, to -	- repasser
- just	venir de	it	- il, elle, ce, le, la
he	- il	Italian	- italien
hear, to	- entendre	Italy	- Italie f.
heat	- chaleur f.	its	- son, sa, ses

(J)		
January	- janvier m.	
jewel	- bijou m.	
jeweler	- bijoutier m.	
jewelry store	- bijouterie f.	
July	- juillet m.	
June	- juin m.	

(K)	
key	- clef f.
kitchen	- cuisine f.
knife	- couteau m.
know, to -	- savoir, connaître

(L)		
lamb, leg of -	- gigot m.	
land, to -	- atterrir	
landlord, -lady	- propriétaire m.f.	
large	- grand	
last	- dernier	
at -	enfin	
late	- en retard, tard	
see you -	à tout à l'heure	
latter, the -	- ce dernier, celui-ci	
laundry	- blanchisserie f.	
-(man)	blanchisseur m.	
lead, to -	- conduire	
leave, to -	- partir, quitter, laisser	
- again	repartir	
left	- gauche f.	
to be -	rester	
lend, to -	- prêter	
less	- moins	
lesson	- leçon f.	
let, to - + verb	- laisser + verb	
letter	- lettre f.	
lettuce	- salade f.	
library	- bibliothèque f.	
lie, to -	- mentir	
life	- vie f.	
light (colored)	- clair	
like, to -	- aimer	
linen, whites	- linge m.	
listen, to -	- écouter	
little	- petit, peu	
live, to -	- habiter	
livingroom	- salon m.	

located, to be -	- se trouver
long	- long
- time	longtemps
look, to -	- regarder
- for	chercher
- like	avoir l'air
lot, a - of	- beaucoup de
loud	- fort
low	- bas
luggage	- bagages m.
lunch	- déjeuner m.
to have -	déjeuner

(M)	
magazine	- revue f.
maid	- bonne f.
mail	- courrier m.
- box	boîte aux lettres f.
- collection	levée f.
- man	facteur m.
maintain, to -	- entretenir, maintenir
make, to -	- faire
man	- homme m.
manager	- gérant m.
many	- beaucoup
how -	combien
as -	autant
March	- mars m.
match	- allumette f.
	match m.
matter	- affaire f.
May	- mai m.
me	- moi, me, m'
meal	- repas m.
mean, to -	- vouloir dire
meat	- viande f.
medicine	- médicament m.
meet, to -	- rencontrer, se rencontrer, retrouver
menu	- carte f.
merchant	- marchand m.
midnight	- minuit m.
milk	- lait m.
million	- million m.
minute	- minute f.
miss, to -	- manquer
miss	- mademoiselle f.
mister	- monsieur m.
modern	- moderne

moment	- moment m.	(O)	
Monday	- lundi m.	obey, to -	- obéir
money	- argent m.	obtain, to -	- obtenir
month	- mois m.	o'clock	- heure f.
more	- plus	it is one -	il est une heure
morning	- matin m.	October	- octobre m.
	matinée f.	of	- de
mother	- mère f.	office	- bureau m.
Mrs.	- madame	often	- souvent
much	- beaucoup, bien	old	- vieux
how -	combien	to grow -	vieillir
- prettier	bien plus joli	on	- en, dans, sur
as -	autant	one	- un m., une f.
so -	tant	some-	on, celui, celle
must	- devoir	-'s	son, sa, ses
my	- mon, ma, mes	only	- seulement, ne ... que
		open, to -	- ouvrir
(N)		or	- ou
name	- nom m.	order	- commande f.
napkin	- serviette f.	money -	mandat m.
narration	- narration f.	in - to	pour
naturally	- naturellement	other	- autre
near	- près	otherwise	- sinon
necessary	- nécessaire	our	- notre, nos
to be -	falloir	owe, to -	- devoir
need, to -	- falloir,	owner, boss	- patron m.
	avoir besoin		
need	- besoin m.	(P)	
never	- jamais,	package	- paquet m.
	ne ... jamais	page	- page f.
nevertheless	- tout de même	pair	- paire f.
new	- nouveau, neuf	pale, to get -	- pâlir
news	- nouvelle f.	paper	- papier m.
newspaper	- journal m.	- clip	trombone m.
next	- prochain	parcel	- colis m., paquet m.
- door	à côté	parents	- parents m.
nine	- neuf	Parisian	- parisien m.
nineteen	- dix-neuf	park	- parc m.
ninety	- quatre-vingt-dix	pass, to -	- passer
no	- non	pastry shop	- pâtisserie f.
nobody, no one	- personne,	-(man)	pâtissier m.
	ne ... personne	pâté	- pâté m.
noon	- midi m.	pay, to -	- payer
Normandy	- Normandie f.	pencil	- crayon m.
not	- pas, ne ... pas	people	- gens m.
notebook	- bloc m.	perfect	- parfait
nothing	- rien,	perhaps	- peut-être
	ne ... rien	permit, to -	- permettre
November	- novembre m.	pharmacist	- pharmacien m.
now	- maintenant	pharmacy	- pharmacie f.
number	- numéro m.		

piece	- morceau m.
place	- lieu m.
plate	- assiette f.
platform	- quai m.
pleasant	- agréable
please, to -	- plaire
if you -	s'il vous plaît
pleased	content
politics	- politique f.
poor	- pauvre
postal	- postal
postcard	- carte postale f.
post office	- poste f.
potato	- pomme de terre f.
pray, to -	- prier
precisely	- justement
present, to -	- présenter
president	- président m.
pretending	- sous prétexte
pretext	- prétexte m.
prince	- prince m.
produce, to -	- produire
propose, to -	- proposer
provided	- à condition
put, to -	- mettre, ranger

(Q)

quarter	- quart m.
question	- question f.

(R)

rain, to -	- pleuvoir
rain	- pluie f.
razor	- razoir m.
read, to -	- lire
ready	- prêt
real, really	- vrai, vraiment
real estate	- agence immobi-
agency	lière f.
reason	- raison f.
to have - to	y avoir lieu de
recall, to -	- rappeler
receive, to -	- recevoir
receiver	- récepteur m.
red	- roux, rouge
regards	- souvenir m.
region	- région f.
registered	- recommandé
regular	- habituel
remain, to -	- rester

remember, to -	- se souvenir
rent, to -	- louer
for -	à louer
repair, to -	- réparer
repeat, to -	- répéter
reply, to -	- répondre
reserve, to -	- retenir, louer
restaurant	- restaurant m.
return, to -	- retourner, rentrer
return	- retour m.
right	- droit m.
- hand side	de droite
- away	tout de suite
risk, to -	- risquer
road	- route f.
room	- salle f., pièce f.
bathroom	salle de bain
dining room	salle à manger
Russian	- russe

(S)

sale	- solde m.
on -	en solde
salesgirl	vendeuse f.
same	- même
satisfied	- satisfait
Saturday	- samedi m.
say, to -	- dire
sea	- mer f.
seashore	bord de la mer m.
season	- saison f.
seat	- place f.
secretary	- secrétaire
section	- rubrique f.
see, to -	- voir
self, myself	- moi-même
sell, to -	- vendre
send, to -	- transmettre, envoyer
	expédier
- for	envoyer chercher
sentence	- phrase f.
September	- septembre m.
serve, to -	- servir
service	- service m.
seven	- sept
seventeen	- dix-sept
seventy	- soixante-dix
several	- plusieurs
she	- elle
sheet	- drap m.
shelf	- rayon m.

shirt	- chemise f.
shoe	- chaussure f.
shoemaker	- cordonnier m.
shopping, to go -	- faire des courses
short	- court
shorthand	- sténo f.
show, to -	- montrer
side	- côté m.
on this -	de ce -
sight	- vue f.
sign, to -	- signer
since	- depuis
sir	- monsieur
sister	- soeur f.
sit down, to -	- s'asseoir
sit down	asseyez-vous
six	- six
sixteen	- seize
sixty	- soixante
size: collar -	- encolure f.
shoe -	pointure f.
sleep, to -	- dormir
slice	- tranche f.
slightest, the -	- le moindre
slippery	- glissant
slow down, to -	- ralentir
small	- petit
smaller	moindre
smallest	le moindre
smell, to -	- sentir
snow, to -	- neiger
so	- si
- much	tant
soap	- savon m.
soccer	- football m.
sofa	- sofa m.
sole	- semelle f.
some	- des, du, de la, en
someone	- quelqu'un m.
sometimes	- quelquefois
somewhere	- quelque part
son	- fils m.
soon	- bientôt
Spanish	- espagnol
speak, to -	- parler
special, daily -	- plat du jour m.
specialty	- spécialité f.
speech	- discours m.
speed	- vitesse f.

spite of, in	- malgré
spoon	- cuiller f.
spring	- printemps m.
stairway	- escalier m.
stamp	- timbre m.
start, to -	- commencer
station	- gare f.
stationary	- papier à lettre m.
stay, to -	- rester
- at	descendre
step	- marche f.
still	- toujours, encore
store	- magasin m.
street	- rue f.
- floor	rez-de-chaussée m.
student	- étudiant m.
style	- modèle m.
succeed, to -	- réussir
sugar	- sucre m.
suit, to -	- convenir
suit	- costume m.
suitcase	- valise f.
summer	- été m.
sun	- soleil m.
sunny	ensoleillé
Sunday	- dimanche m.
sure	- sûr
(T)	
table	- table f.
tablecloth	- nappe f.
take, to -	- prendre
- away	emporter
- to	conduire, porter
- back	reprendre
taxi	- taxi m.
telegram	- télégramme m.
telephone, to -	- téléphoner
telephone	- téléphone m.
ten	- dix
tenant	- locataire m.f.
terrace	- terrasse f.
text	- texte m.
thank, to -	- remercier
-you	merci
that	- que, qu', ça, cela
the	- le, la, les, l'
their	- leur
them	- eux, leur, les
then	- alors, ensuite
there	- là, y

these	- ces	understand, to -	- comprendre
they	- ils, elles	unhook, to -	- décrocher
thin	- maigre	until	- jusque
thing	- chose f.	upstairs	- en haut
some-	quelque chose	urgent	- urgent
think, to -	- penser	useful	- utile
thirteen	- treize	usually	- d'habitude
thirty	- trente		
this	- ce, cette	(V)	
those	- ces	vacant	- libre
thousand	- mille m.	vacation	- vacances f.
three	- trois	vacuum cleaner	- aspirateur m.
Thursday	- jeudi m.	vegetable	- légume m.
ticket	- billet m.,	very	- très
	ticket m.	view	- vue f.
round trip -	aller et	villa	- villa f.
	retour m. /m.	visit, to -	- visiter
platform -	ticket de quai		
time	- fois f., heure f.	(W)	
	temps m.	wait, to -	- attendre
tip	- pourboire m.	waiter	- garçon m.
to	- à, de, en, pour	wake, to	- réveiller
today	- aujourd'hui	walk, to -	- marcher
together	- ensemble	want, to -	- vouloir
tomorrow	- demain	wardrobe	- armoire f.
tonight	- ce soir	warm	- chaud
too (much, many)	- trop	warn, to -	- prévenir
toward	- vers	wash, to -	- laver
town	- ville f.	waxed	- ciré
downtown	en ville	way, this -	- par ici
train	- train m.	we	- nous
translate, to -	- traduire	wear, to -	- porter
transmit, to -	- transmettre	- shoe size	chausser
transportation	- transport m.	weather	- temps m.
travel, to -	- voyager	the - is nice	il fait beau
trouble	- peine f.	Wednesday	- mercredi m.
it is not worth	ce n'est pas	week	- semaine f.
the trouble	la peine	weekend	- week-end m.
true	- vrai	weigh, to -	- peser
trunk	- malle f.	well	- tiens, bien
try, to -	- essayer	what	- quel, quelle, que
Tuesday	- mardi m.		quoi
twelve	- douze	when	- quand
twenty	- vingt	where	- où
twice	- deux fois	which	- quel, quelle
two	- deux	white	- blanc
type, to-	- taper	who	- qui
typewriter	- machine à écrire	whole	- tout, toute
typist	- dactylo f.	whom	- qui
		why	- pourquoi
(U)		wife	- femme f.
under	- sous		

willingly	- volontiers
wind	- vent m.
window	- fenêtre f.
reservation -	guichet m.,
	location f.
wine	- vin m.
winter	- hiver m.
wish, to -	- désirer
with	- avec
without	- sans
woman	- femme f.
word	- mot m.
work	- travail m.
work, to -	- travailler
world	- monde m.
worry, to -	- s'inquiéter
worse	- pire
worst, the	- le pire

(Y)

year	- année f.
	an m.
yellow	- jaune
yes	- oui, si
yet	- encore
you	- vous
young	- jeune
your	- votre
yours	- vôtre